일러두기

이 책은 2010년에 발간한 『파리는 나를 사랑해』를 다듬어 내놓는 개정판입니다.

파리에서 보낸 꿈 같은 일주일

나는 파리가 정말 좋다

박정은 지음

상상출판

| 저자의 말 |
사랑은 계속된다.

비좁은 음악 감상실에서 애틋한 시선을 주고받던 제시와 셀린느는 9년 뒤 파리에서 다시 만났다. 야속한 시간은 센 강처럼 흘렀다. 공항으로 가기 전 셀린느의 아파트먼트로 올라가는 계단은 왜 그리 두근거리고 설레던지 행여 내 심장 소리가 들릴까 양손을 꼭 쥔 채 가슴을 누르고 있을 정도였다. 이러다 영원히 헤어지게 되고 마는 걸까, 초초한 관객들에 비해 여유 있어 보이는 두 사람. 니나 시몬의 흉내를 내던 셀린느가 말했다.

"Baby, you are gonna miss that plane(자기, 그러다 비행기 놓쳐)."

매력 넘치는 제시가 웃으며 대답했다.

"I know(나도 알아)."

나도 알고 있었다. 셀린느가 기타를 연주하며 노래로 제시에게 고백했을 때, 제시는 이미 다시 과거로, 그때의 제시로 돌아가 무방비한 상태가 되었다는 것을. 엔딩 크레디트가 올라갈 때 이들이 영원히 행복하기를, 서로 사랑하기를 간절히 바라면서 그렇게 극장을 나왔다.

파리를 방문할 때마다 영화에 나온 장소들을 스토커처럼 찾아다니며 제시와 셀린느를 기렸다. 누군가의 행복을 비는 무녀처럼 정성을 다했다. 제시와 셀린느가 다시 만났던 셰익스피어 앤 컴퍼니, 이야기하며 걸었던 생 폴 생 루이 교회가 보이던 길, 서울로7017의 원조 격인 프롬나드 플랑테, 유일하게 등장한 관광지 노트르담 대성당이 보이는 센 강, 그리고 셀린느의 아파트먼트를 돌아보며 나는 파리를 속속들이 알지 못했구나 생각했다. 하긴, 지금 살고 있는 제주 역시 잘 안다 싶다가도 이런 곳이 있었나 놀라기도 하니 어느 곳이든 전문가도 잘 모르는 부분이 있기 마련이고, 새로운 곳은 늘 생겨난다. 또 같은 장소의 이야기라 하더라도 세월의 흐름에 따라 다른 시선이 생기기도 한다.

처음 이 책을 썼을 때, '새봄'이라는 태명을 가졌던 아이가 태어났다. 이름은 은수다. 벌써 학교를 다니게 되었으니 책의 개정판이 나오기까지 걸린 시간이 아이의 나이와 똑같다. 상상출판 대표님으로부터 개정판을 내자는 소식을 듣자마자 올해 가장 기쁜 소식이라 흥분했다. 그만큼 좋아하는 책이고, 또 그만큼 아쉬운 책이기도 했다. 개정판 작업을 하면서 아기자기한 이야기에 예전의 내 마음을 볼 수 있어 좋았다. 아이를 키우는 동안 어떤 면에서는 감성이 메말라버렸구나 하는 아쉬움도 들었다.

인생에서 다양한 사랑이 오가지만 그중 변하지 않는 사랑은 자식에 대한 어머니의 내리사랑인 것 같다. 내가 아이를 낳고 엄마로 성장하는 것만큼이나 자식에 대한 사랑이 점점 더 커지는 걸 보면 말이다. 내 책에 대한 사랑도 그것과 같다. 이 책이 많은 사람들로부터 사랑받고, 또 가보지 않은 파리를 막연히 사랑하고 그리워하는 계기가 되었으면 좋겠다. 그래서 파리를 여행하고 그곳에서 낭만적이게도 사랑하는 사람까지 만나게 된다면 더할 나위가 없겠다. 우리는 서로 사랑하기에도 부족한 유한한 삶을 살고 있다. 그러니 사랑한다면 마음껏 표현하고 고백하자. 파리에서의 셀린느처럼.

2017년 6월
박정은

Contents

저자의 말   012

Prologue 내 카우치를 빌려줄게   016

1. 월요일, 파리의 탄생   020
파리의 시티바이크, 벨리브를 타고   024
대성당의 시대, 노트르담 드 파리와 숨겨진 정원   030
"당신이 함부로 대한 그 사람은 변장한
천사일지도 모릅니다." 셰익스피어 앤 컴퍼니   040
공원 문화를 느낄 수 있는 뤽상부르 공원   046

2. 화요일, 혁명의 프랑스   050
허무한 바스티유 감옥 습격사건   054
멈출 수 없는 혁명의 잔인함, 콩시에르주리   058
마라의 두 이미지   062
1845년에 오픈한 레스토랑, 폴리도르   066
프랑스의 뜨거운 심장이 잠들어 있는 팡테옹   072
◆ 파리에서 겪은 차원이 다른 파업 이야기   076

3. 수요일, 천국과 지옥을 오가는 몽마르트르   082
몽마르트르에서 만난 여승   086
몽마르트르 도보여행   094
착한 바이러스를 퍼뜨리는, 〈아멜리에〉   108
몽마르트르에서 만난 한국 남자   114
◆ 파리의 특별한 메트로 이야기   118

4. 목요일, 얀의 초대   124
한국과 프랑스의 첫 인연, 파리 외방 전교회   128
심장을 들었다 놓은 벨리브 사건   136
파리의 공동묘지   142
크레페리 조슬링의 크레페와 시드르   148

5. 금요일, 로맨틱 파리   152
메트로의 연주자들   156
시청 앞에서의 키스   162
여행자들의 로망, 〈비포 선셋〉   168
◆ 낭만적인 당신을 위한, 〈비포 선셋〉 지도   174
귀스타브 모로의 〈오르페우스〉   178
로댕 미술관 정원에서 카페 한 잔   184
◆ 키스를 부르는 파리의 장소   188

6. 토요일, 맛있는 파리   192
맛있는 파리의 하루   196
도심에서 만나는 시장과 로컬푸드   204
프랑스의 독특한 카페 문화   210
최고의 마카롱, 피에르 에르메의 '이스파한'   216

7. 일요일, 일요일엔 마레로 가야 해   224
소피와 함께한 마레 산책   228
미스틱과 파리의 그라피티 문화   238
십년감수한 생 드니 성당 사건   242

Epilogue Good bye Paris   248

Prologue

내 카우치를 빌려줄게

미얀마를 여행하는 중이었다. 만달레이와 바간을 거쳐 마지막 여행지인 인레로 향하는 발걸음은 가벼웠다. 사실 발걸음보다 더 가벼웠던 건 수중에 남은 돈이었다. 지금과 달리 당시 미얀마는 신용카드 사용이나 현금 인출이 불가능하던 때여서 씀씀이가 매우 중요했다. 대부분 여행자들은 예상보다 지출을 초과했고 나 역시 마찬가지였다. 그래서 인레에서는 웬만하면 돌아다니지 말고 그동안 쌓인 피로를 풀며 휴식을 취해야겠다고 마음먹었다.

일주일 동안 내 침대가 된 카우치

인레의 게스트하우스는 운하 옆에 자리하고 있었다. 잘 가꾸어진 정원, 친절한 숙소 가족들, 때때로 내오는 무료 과일과 음료는 그동안 덧쌓인 피로를 녹이기에 충분했다. 조금(?) 불편한 점이 있다면 밤 9시만 넘으면 전기 공급이 끊겨 세상이 온통 적막에 휩싸인다는 점과 새벽 5~6시부터 운하를 지나는 긴 꼬리 보트가 내는 요란한 디젤 엔진 소리 정도였다.

그날도 천둥 같은 엔진 소리에 경기하듯 일어났다. 매일 밤 9시만 되면 어쩔 수 없이 강제 수면을 취했던 탓에 소음 때문에 일찍 일어난 것이 그리 억울하지는 않았다. 방갈로 문을 열고 나와 보니 세상은 벌써 대낮이다. 운하를 중심으로 집마다 빠끔히 튀어나와 있는 선착장에서 머리를 감고, 빨래하는 사람들을 보고 있자니 방갈로 주인이 조용히 다가와 문 앞 작은 테이블에 라임 주스를 올려놓는다. 평화로운 아침이다. 아침 메뉴를 고르고 있는데 두런두런 이야기 소리가 들려왔다. 방갈로 앞쪽 식당 테이블에서 서양 여자가 현지 남자와 이야기를 나누고 있다. 특이하게도 서양 여자는 미얀마어로 말하고 있었는데 의사소통이 힘들 때면 간간이 영어를 사용했다. 호기심이 발동해 귀를 열고 들어 보니 불교와 인레 호수 주변에 자리한 사원에 대해 이야기하고 있다. '역사학자인가? 일하러 왔나 보다.'

아침을 먹은 뒤 이곳 정보를 물어볼 겸 한가해진 서양 여자에게 인사를 했다. "굿 모닝!" 그녀가 나를 바라보며 웃음을 짓는데 웃는 모습이 〈섹스 앤 더 시티〉의 캐리와 정말 똑같다. 하마터면 캐리 브래드쇼 팬 모드로 돌변할 뻔했다. 이런 게스트하우스에 영화배우가 올 일이 없다는 생각이 들자 흥분했던 마음이 제자리를 찾는다. 여인의 이름은 캐리가 아닌 소피, 프랑스인이다. 영어를 잘하는 프랑스인을 만난 건 소피가 처음이었는데 영국에서 공부했기 때문이란다. 회사에 다니며 미얀마어를 배우고, '미얀마 불교와 여성'을 주제로 논문을 쓰고 있단다. 그래서 인터뷰를 겸한 여행 중이라고 했다. 소피에게 여행 정보를 묻고 주변을 돌아보려 했는데, 수다에 빠지는 바람에 반나절을 게스트하우스에서 보내고 말았다.

소피는 나와 너무나 닮았다. 수다쟁이인 데다 술 담배를 안 하고(프랑스인이 와인을 못 마시다니!), 여성학에 관심이 많은 독립적인 여성이다. 민감한 피부를 가져 순한 화장품을 써야 하고 탄산음료 대신 물만 마시는 것까지 똑같았다. 심지어 서로 사귀고 있었던 남자 친구의 성격까지 비슷해 우리는 단박에 친해졌다.

인레에서 머무는 동안 온갖 주제로 이야기를 나눴다. 밤이 되면 잠자는 것 외엔 전혀 할 일이 없던 이곳에서 '쿵짝'이 잘 맞는 수다쟁이 둘이 만나니 시골 촌구석에 밤의 신세계가 열렸다. 한 번은 낮에 둘이서 자전거를 빌려 타고 사원을 둘러보며 이런 얘기를 하게 됐다.

"나는 여행과 관련한 글을 쓰는데, 한번은 파리에서 한 달간 머물게 됐어. 스튜디오(주방과 화장실이 딸린 원룸형 숙소)를 알아보는데 비용 때문에 시내와 좀 떨어진 4존에 있는 곳을 구하게 됐지.

인레의 아침

파리 시내로 출퇴근을 하는 형식이었지만 RER이라 별로 오래 걸리진 않았어. 한동안은 괜찮았는데 글쎄 파업 시기와 겹쳤지 뭐야. 정말 얼마나 힘들었는지 몰라. 그때부터 생각했어. 다음에 파리에서 장기간 머물 때는 방이 비싸더라도 반드시 'In Paris'에 머무르겠다고 말이지." 나는 제법 비장한 표정을 지으며 주먹까지 불끈 쥐었다.

내 모습을 보던 소피는 깔깔대며 웃었다. "파리의 파업은 가혹하지. 상상이 가. 하지만 걱정 마. 다음에 파리에 올 때면 'In Paris'에 머물 수 있을 테니까 말이야. 내가 'In Paris'에 살고 있거든. 파리에 오면 꼭 연락해. 다음번엔 내 집에서 머무르라는 말이야."

곳곳에 있던 모던한 가구

우리는 친자매처럼 다정하게 지냈다. 서로의 남자 친구 이야기가 나오면 어느새 반달눈이 되며 그리움에 사무쳤고, 프랑스와 한국의 연애와 결혼 그리고 육아문제에 대해 비교하며 토론하기도 했다. 그렇게 소피와 친구가 됐다. 한국으로 돌아와 이메일로 소식을 전하고, 새해엔 카드를 보냈다.

몇 달 뒤, 취재 때문에 유럽으로 가게 됐다. 이번에 파리에 머물 수 있는 시간은 열흘 정도였다. 소피는 이탈리아의 사르데냐에서 휴가 중이었는데 내가 한국으로 돌아가기 전에 소피가 파리로 돌아왔고, 일주일 동안 소피의 집에 머물 수 있게 됐다.

시내 중심가에 자리한 호스텔에서 소피를 다시 만났다. 반갑게 비쥬(양쪽 볼을 맞대며 쪽 소리를 내는 프랑스식 인사)를 나누고, 1년 동안 서로 얼마나 변했는지 확인했다. 미얀마에서 맺은 인연이 파리까지 이어진다는 게 신기하기만 하다.

택시를 타고 소피의 집으로 갔다. 넓은 거실과 방, 작은 주방과 화장실. 혼자 살기에 충분한 소피의 집은 앤티크와 모던으로 꾸며져 있었다. 집을 둘러보다가 소피에게 말했다. "네 취향은 특별한데? 보통은 앤티크를 좋아하거나 또는 모던을 좋아하는데 넌 이 두 가지가 섞여 있어. 게다가 그냥 모던도 아닌 '매우 모던'이라니 재미있다. 저 촛대 모양의 등을 좀 봐. 분위기는 앤티크한데 플라스틱으로 만든 매우 모던한 것이야. 말해 봐, 솔직한 네 취향이 뭐야?"

"난 사실 앤티크를 좋아하는데 방 안 가득 앤티크한 것들만 있으면 너무 지루하잖아. 그래서 모던한 것을 좀 섞어 넣었어. 저기 있는 저 서랍은 우리 할머니 때부터 쓰던 거야. 어느샌가 손잡이가 사라져서 손가락을 넣어 열어야 하긴 하지만 난 앤티크가 정말 좋아. 아 참, 이 테이블은 몽골에서 사 온 거야. 예쁘지?" "응, 서류 같은 걸 보관한 상자인 것 같은데 앞에 새겨진 모란 문양이 정말 예쁘다. 세월이 흘러 반들반들한 느낌도 참 좋아. 나도 하나 갖고 싶은걸." 소피가 궁금한지 물었다. "그런데 한국 사람들은 앤티크를 좋아하지 않아?" "네 것처럼 정말 오래된 가구보다는 오래된 느낌이 나게 만든 새 가구를 사는 편이야. 한국에는 미신이 있는데 누가 쓰던 가구나 물건에는 영혼이나 귀신이 따라온다고 생각하거든. 그래서 새것을 선호해. 예를 들어, 네가 테이블로 쓰는 나무상자의 원래 용도가 무엇인지 생각해 봤어?" 소피는 조금 고민하더니 이렇게 말했다. "어쩌면 아기 시체를 나르는 데 썼을지도 몰라." 진지한 표정으로 말하는 모습에 웃음이 터졌다.

1년 동안 쌓인 회포를 푸느라 시간 가는 줄 몰랐다. 어느새 시계는 새벽 4시를 향해 가고 있었고 우리의 눈은 점점 빨개졌다. 소피가 말했다. "자, 이제 우리 그만 자도록 하자. 내 카우치를 빌려줄게."

유럽에는 친구들끼리 지키는 전통(?)이 있다. 나라는 다르지만 국경이 이웃해 있어 왕래하기 편한 이유로 주변 나라 친구들을 사귀기 쉽다. 그래서 친구들끼리 상대방 나라에 여행을 가면 서로 자기 집에 머무르게 한다. 동성이라도 같은 침대를 쓰지 않고, 바닥에서도 자지 않는다. 그렇다고 손님방을 둘 여유가 있는 사람이 많은 것도 아니다. 이때 마법과 같이 유용한 가구가 하나 있으니 바로 '카우치Couch'다. 우리나라에서는 소파베드라고 말하면 대부분 알 텐데, 평상시에는 소파로 사용하다가 손님이 오면 침대로 변신한다. 침대 시트를 씌우고 베개와 이불을 깔면 정말 그럴듯한 침대가 되는 것이다.

미얀마에서 만난 소피

나는 소피의 카우치를 빌려 그렇게 파리에 머물게 되었다. 일주일간.

파리의 탄생

이곳은 파리구나!
입가에 저절로 미소가 지어졌다.
돌아올 때 헤매지 않게 집 주변을
잘 봐 둬야지. 그리고 익숙해져야지.

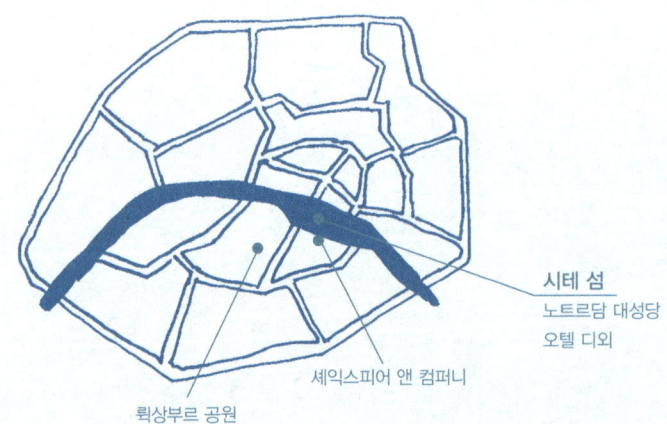

파리의 시티바이크,
벨리브를 타고

　소피의 집을 나섰다. 전날 자정 무렵, 소피를 만나 택시를 타고 집에 도착했다. 1년간 쌓인 회포를 푸느라 새벽까지 키득대며 수다를 떨었더니 소피는 아직까지 한밤중. 나는 조용히 이불을 정리해 두고 살금살금 집에서 빠져나왔다. 영화에서나 보던 커다랗고 낡은 열쇠로 큰 소리가 날까 조심스레 세 번쯤 돌려 문을 잠그고, 오래되어 삐걱대는 나무 계단을 내려와 현관문을 열었다. 육중한 문의 무게가 낯설면서도 설렌다. 열리는 문틈으로 쏟아져 들어오는 밝은 빛에 눈이 부셔 나도 모르게 실눈이 됐다. 불어로 전화통화를 하는 사람이 부딪힐 뻔 아슬아슬하게 내 앞을 지나갔다. 이곳은 파리구나! 입가에 저절로 미소가 지어졌다. 돌아올 때 헤매지 않게 집 주변을 잘 봐 둬야지. 그리고 익숙해져야지. 나는 한동안 소피의 집에서 머물게 될 테니까 말이다.

18번지, 소피의 집

1. 파리의 탄생

지도에 표시된 근처의 벨리브 정류장으로 향했다. 벨리브 Vélib'는 2007년 파리 시에서 만든 대중교통인데 파리의 교통을 원활하게 하고, 도시의 매연을 줄이는 친환경 교통수단으로 자리 잡았다. 지금은 파리 시민들에게 없어서는 안 될 만큼 사랑받고 있다. 출근 시간에는 벨리브를 타고 중심가로 출근하는 사람들로 파리 바깥쪽 벨리브가 동이 나고, 퇴근 무렵이 되면 반대로 시내 중심가의 벨리브가 동이 날 정도로 많이 이용한다. 사용 방법도 매우 간단하다. 단기 여행자는 신용카드로 디포짓Deposit, 보증금을 걸면 24시간에 1.7유로, 일주일에는 8유로로 대여할 수 있다. 사용 후 30분 안에 다른 정류장에 가져다 놓기만 하면 무료이기 때문에 30분에 맞춰 자전거를 갈아타면 된다. 그 이상 시간이 초과하면 30분에 1유로, 그다음 30분에 2유로, 그다음엔 4유로의 추가 요금이 들어 배보다 배꼽이 커진다.

사실 파리는 자전거를 타기에 최적의 환경을 갖춘 도시는 아니다. 아무래도 북유럽이나 네덜란드, 독일 같은 나라의 인프라와 의식 수준을 따라가기엔 한참 모자라다. 그렇기 때문에 자전거 초보자라면 벨리브를 이용하는 것을 한 번 더 생각해 보는 것이 좋다. 우리나라에서처럼 종종 도로에서 자동차와 자전거가 함께 달려야 하는 경우도 있으니 말이다.

벨리브 사용법과 주의사항 벨리브는 파리 시내에만 2만 5천여 대의 자전거를 비치하고 있고, 1800여 개의 정류장을 300m 간격으로 설치해 놓아 사용하기 편리하다. 이용 방법도 신용카드가 있으면 매우 간단하다. 한 가지 주의할 점은 반납할 때 자전거가 제대로 '딸깍' 소리를 내며 주차되었는지 확인할 것. 제대로 주차하지 않으면 자전거 디포짓 150유로가 신용카드를 통해 빠져나갈 수도 있다.

바퀴가 튼튼한 걸로 하나 골라 안장 높이를 조절하고 자전거를 빌렸다. 자전거 바구니에 가방을 넣고 페달을 밟으니 작은 바람이 일어 머리카락이 살랑인다. 순조롭게 파리여행이 시작되는구나! 생각만 해도 웃음이 절로 났다. 지도를 확인하며 파리 중심가로 향했다. 도로보다는 운하 쪽이 경치가 좋을 것 같아 생 마르탱 운하를 따라 천천히 자전거를 몰았다.

1. 파리의 탄생   27

　생 마르탱 운하는 영화 〈아멜리에〉에서 아멜리에가 물수제비를 뜨고, 화장실 변기에서 구출해 낸 금붕어를 놓아 준 곳으로 등장한다. 가이드북에는 잘 소개되지 않았던 곳인데 최근 들어 문화의 중심지가 되면서 시나브로 유명해졌다. 여름철 밤에 오면 파리지앵들이 친구들과 모여 앉아 신나게 파티를 즐기는 모습을 볼 수 있다. 밤에 혼자 다닐 경우 위험하기도 하니 조심하도록 하자.

　생 마르탱 운하가 끝나는 레퍼블리크République부터는 큰 도로를 따라갔다. 복잡하고 차가 항상 많은 곳이라 주의가 필요했지만 조금 더 가니 어느새 센 강이 나타났다. 파리는 서울에 비하면 정말 작다.

　파리에 처음 왔을 때, 말로만 듣던 센 강을 실제로 보고 많이 실망했었다. 우리나라의 한강처럼 크고 넓을 줄 알았는데 한강에 비하면 시냇물처럼 좁고, 물도 그리 깨끗한 편이 아니었다. 하지만 센 강을 따라 자리한 아름다운 다리와 고서점 그리고 여유 있게 햇살을 즐기는 파리지앵의 모습을 보다 보니 지금은 센 강 없는 파리는 상상할 수 없을 정도로 좋아졌다.

생 마르탱 운하의 무지개 다리

이마에 송골송골 땀이 맺힐 즈음 시테 섬에 도착했다. 자전거를 가까운 정류장에 반납하고 천천히 걸어갔다. 시테 섬을 처음 본 15년 전이나 지금이나 변한 것은 없다. 변했다면 이곳을 찾는 관광객들의 옷차림과 관광객이 정말 많이 늘었다는 것 정도? 과거 유산을 그대로 보존하려 노력하는 프랑스인들 덕분에 파리는 앞으로도 항상 변함없을 것이다.

시테 섬은 파리가, 좀 더 과장해서 말하자면 프랑스가 탄생한 곳이다. 현재 파리 시의 규모에 비해서는 센 강 안에 둘러싸인 아주 작은 섬일 뿐이지만 과거에는 이 섬 안에 왕궁이 있었고, 그 안에 왕이 살았다. 섬을 둘러싼 센 강은 천연의 해자垓子 역할을 하며 적들의 침입을 막았던 곳이다. 그래서 이 작은 섬 안에 지금도 중앙경찰서, 법원, 시립 병원, 성당 재판소, 성당 등 중요한 정치 행정기관들이 모여 있고, 오래된 건물에서 아직까지 그 역사를 이어 가고 있다.

시테 섬 안에서 여행자들이 좋아하는 곳으로는 13세기에 만든 아름다운 스테인드글라스로 유명한 생트 샤펠Sainte-Chapelle과 왕궁으로 사용하다 프랑스혁명 당시 마리 앙투아네트 등 2000여 명이 처형 직전 재판을 받고 머물렀던 감옥인 콩시에르주리Conciergerie, 그리고 노트르담 대성당Notre Dame de Paris이 있다.

센 강변을 따라 길게 늘어선 고서점

1. 파리의 탄생

대성당의 시대,
노트르담 드 파리와
숨겨진 정원

뮤지컬 〈노트르담 드 파리〉를 본 이후 노트르담 대성당을 마주할 때마다 콰지모도가 생각났다. 꼽추인 콰지모도가 우람한 양팔로 줄을 잡고 온몸을 이용해 거대한 종을 힘차게 치는 모습, 그리고 그가 밀어 성당 아래로 떨어뜨린… 산산이 찢겨진 클로드 신부의 시체까지 말이다.

아름다운 도시 파리, 전능한 신의 시대
때는 1482년, 욕망과 사랑의 이야기

우리는 무명의 예술가
제각각의 작품으로
이 이야기를 들려주려 해
훗날의 당신에게

대성당들의 시대가 찾아왔어
이제 세상은 새로운 천년을 맞지
하늘 끝에 닿고 싶은 인간은
유리와 돌 위에 그들의 역사를 쓰지

돌 위엔 돌들이 쌓이고
하루, 또 백 년이 흐르고
사랑으로 세운 탑들은
더 높아져만 가는데

센 강변에 자리한 노트르담 대성당

시인들도 노래했지, 수많은 사랑의 노래를
인류에게 더 나은 날을, 약속하는 노래를

대성당들의 시대가 무너지네
성문 앞을 메운 이교도들의 무리
그들을 성안으로 들게 하라
세상의 끝은 이미 예정되어 있지
그건 이천 년이라고

_뮤지컬 〈노트르담 드 파리〉 '대성당들의 시대 Le Temps des Cathedrales' 중

뮤지컬 〈노트르담 드 파리〉 1998년 9월 파리 팔레 드 콩그레 Palais des Congres에서 초연했다. 첫 공연은 매진되었고, 전 세계 투어 공연을 통해 1500만 이상의 관객을 동원한 뮤지컬이다. 음악을 담당한 리카르도 코치안테 Riccardo Cocciante는 베트남 사이공 태생으로 이탈리아인 아버지와 프랑스인 어머니 사이에서 태어났다. 이 곡으로 월드 뮤직 어워드 World Music Award를 수상했다. 국내에는 2005년에 처음 소개되었다.

감동적인 뮤지컬 때문에 원작인 빅토르 위고의 『노트르담 드 파리』를 다시 읽게 되었다. 가물가물한 옛날, 어린이용 도서로 읽은 『노트르담의 꼽추』와는 너무나 다른, 비장함이 묻어나는 작품에 깜짝 놀랐다.

중세 시대는 인간의 욕망을 애써 보이지 않는 곳에 감춘 채 신과 조금이라도 더 가까워지기 위해 돌을 높이 쌓으며 이웃 나라들과 성당의 높이 경쟁을 하던 때다. 조금이라도 더 높이 성당을 세우는 것이 신과 좀 더 가깝게 소통하는 길이라 믿었던 것. 그래서 성당은 점점 화려해지고 비싼 그림들로 벽면을 채우고, 형형색색의 스테인드글라스에는 무지한 사람들을 위해 그림으로 역사를 써내려 갔다. 빅토르 위고의 『노트르담 드 파리』는 이러한 신의 시대에서 인간의 시대로 넘어가는 과정을 그렸다. 신부가 이교도인 집시 여성, 아름다운 '에스메랄다'에게 연정을 품고, 이 여인을 차지하기 위해 음모를 꾸미는 이야기를 어디 중세 시대에서 상상이나 할 수 있었을까. 신부의 보호를 받고 자란 흉측한 괴물 모습의 꼽추 콰지모도가 에스메랄다를 사랑하고, 이 여인을 위해 복수하고 그 곁에서 죽음을 맞는 운명. 비극적인 소설의 결말처럼 대성당의 시대는 끝이 나고 인간 중심의 시대가 태동하기 시작한다.

빅토르 위고는 소설 속에서 꽤 많은 페이지를 할애해 15세기 당시 파리와 노트르담의 모습을 면밀히 묘사했다. 덕분에 15세기 파리의 모습이 마치 살아 있는 듯 그대로 눈앞에 그려지는데, 그 시대를 재현해 내기 위해 빅토르 위고는 혼신의 노력을 다했을 것이다. 프랑스를 여행하다 보면 도시 곳곳의 크고 주요한 도로 이름은 죄다 '빅토르 위고 대로Blvd Victor Hugo'인데 얼마나 프랑스인들의 전폭적인 존경과 사랑을 받고 있는지 이해가 되었다.

'ANArKH 아나키아'

빅토르 위고가 28세에 노트르담을 찾았을 때, 한쪽 탑의 잘 보이지 않는 구석 벽에 손으로 새긴 이 단어를 발견했다고 한다. 아나키아는 그리스어로 '숙명'

프랑스의 성녀, 잔 다르크

노트르담의 종탑에서 바라본 파리 시내

이라는 뜻. 빅토르 위고는 그 숙명이 얼마나 처절했기에 이 단어를 벽에 새기게 되었을까 생각했고, 그렇게 아나키아는 『노트르담 드 파리』 소설의 중요한 모티브가 되었다. 빅토르 위고는 이후 집 밖을 나가지 않고 6개월 만에 소설을 탈고했다. 소설은 발간 즉시 큰 주목을 받았고, 이 소설의 흥행은 재정이 부족해 곤란에 처했던 19세기 노트르담의 복원 사업에 영향을 끼치기도 했다. 빅토르 위고는 중세 시대 고딕 건축물을 그대로 보전해야 한다고 주장한 사람이었는데 당시의 재건축 양식은 기존 건물을 그대로 복원·보존하는 것이 아니라, 당시의 기술로 분위기에 맞게 수정하는 것이었다. 빅토르 위고는 이것이 과거의 유산을 훼손하는 것이라 생각하고 자신의 작품 속에 15세기 노트르담의 모습을 생생히 구현하며 그 아름다움을 알린 것이다.

성당 안은 여러 번 들어가 보아서 이번에는 콰지모도가 종을 친 종탑에 올라가 보기로 했다. 성당 왼쪽에 들어가는 입구가 있는데 사람들이 길게 줄을 지어 서 있다. 엘리베이터를 타는 것도 아니고 어지러운 달팽이 계단을 무려 387개나 밟고 올라가야 하는데도 입장료는 꽤나 비싸다. 하지만 올라가 보면 파리 시내의 멋진 전망을 볼 수 있고, 소설 속의 콰지모도가 어디선가 숨어 날 보고 있을 것 같은 신비로운 느낌이 드는 곳이다. 관광객들로 가득 찬 노트르담 성당과 광장이 현대라면 종탑 위에 올라 바라보는 파리의 모습은 15세기 파리로 인도하는 것만 같다.

소설 『노트르담 드 파리』의 뒷이야기   빅토르 위고는 『노트르담 드 파리』를 단 6개월 만에 썼다. 그 기간 동안 한밤에 노트르담 성당을 방문하는 것 외엔 집 밖으로 외출을 하지 않았는데 이는 출판사와 관련이 있다. 출판사 사장인 고슬랭Gosselin은 빅토르 위고와 1829년에 책을 계약했는데 책이 지연되자 1830년 안에 끝내라고 한 것. 빅토르 위고는 1830년 9월에 책을 쓰기 시작해 1831년 2월 소설을 탈고했다. 역시 옛날이나 지금이나 출판사의 원고 독촉이야말로 글쓰기의 원동력이라는 생각이 든다.

가장 큰 종인 에마뉘엘

　　종탑에서는 곳곳에 자리한 가고일상을 볼 수 있는데 금방이라도 날아갈 듯한 느낌이다. '가고일Gargoyle'은 날개가 있는 괴물 동상으로 원래 악마의 이미지로 만든 상이다. 다신교를 믿던 과거에 기독교가 유럽에 확산되자 그때까지 믿고 있던 신들은 사신邪神이 되어 버렸다. 기독교는 이 사신들을 포용해 건물 바깥에서 망을 보는 역할을 하게 하였는데, 그것이 바로 이 조각상이다. 가고일의 등 뒤에서 바라보는 파리의 모습은 신비하기만 하다.

종을 울리는 콰지모도를 상상하며 사진을 찍었다.

금세 날아오를 것 같은 가고일

종탑 전망대에서 바라본 파리 시내

　종탑을 내려와 노트르담 광장을 지나 걷는데 오른쪽에 오래된 큰 건물이 보였다. 매번 그냥 지나치기만 했었는데, 담벼락에 영어 안내 문구가 쓰여 있다. 오텔 디외Hôtel-Dieu, 신의 처소라는 뜻는 651년 생 랑드리Saint-Landry 주교에 의해 건설되어 성당의 사제단으로 쓰이다가 1849년부터 시립 병원으로 사용하기 시작했다. 여러 번 화재가 나 건물이 파손되었으나 1877년에 오늘날 볼 수 있는 건물로 복구했다고 한다. 현재는 파리에서 가장 오래된 병원이라고. '가장 오래된 병원'이란 문구에 호기심이 생겨 내부를 볼 수 있을까 하고 기웃거려 보았는데 가능하다. 병원 로비를 가로지르자 아름다운 정원이 나타났다. 이렇게 고풍스러운

시테 섬 안에 있는 시립 병원인 오텔 디외의 정원

병원이라니! 이곳에 입원하면 정원에서 산책하는 것만으로도 금세 병이 나아 버릴 것만 같다. 벽면 곳곳에 제1·2차 세계대전 당시 희생된 사람들의 부조가 새겨져 있다. 저편에 색깔이 튀는 동상이 있어 가까이 다가가 봤더니 공화정을 상징하는, 파란 몸에 빨간 모자를 쓴 동상이 서 있다. 꼭 스머프 같은데 아름다운 정원과는 어울리지 않게 우스꽝스럽다. 시테 섬 안에 이렇게 아름다운 정원을 갖춘 건물이 있을 줄은 몰랐다. 네모반듯한 현대의 병원과는 참 다르다. 오텔 디외는 전쟁의 포화 속에 상처 입은 사람들을 품어 보살펴온 병원이지만, 보이지 않는 마음의 상처를 치유했던 곳은 이 정원이 아니었을까.

"당신이 함부로 대한 그 사람은
   변장한 천사일지도 모릅니다."
셰익스피어 앤 컴퍼니

꽤 오랫동안 이곳의 존재를 몰랐다는 것에 사과해야겠다. 그것도 노트르담의 바로 지척에 있는데 말이다. 등잔 밑이 어둡다는 말이 바로 이럴 때 쓰는 것인가 보다.

내가 이곳을 알게 된 건 줄리 델피와 에단 호크 주연의 영화, 〈비포 선셋〉 때문이다. 오스트리아 빈을 배경으로 여행 중 기차에서 만난 이들이 교감을 나누는 하루 동안의 이야기는 9년 뒤 파리에서 다시 시작된다. 에단 호크는 그날의 이야기를 소설로 써서 베스트셀러 작가가 되었고 프랑스판까지 낸다. 셰익스피어 앤 컴퍼니는 이 책의 출간회 장소로 등장하는데 줄리 델피와 다시 만나게 되는 소중한 공간이다. 빈을 배경으로 한 영화 〈비포 선라이즈〉에서도 그랬듯 파리 편 역시 파리의 잘 알려지지 않은 아름다운 곳을 소개했을 거라 믿어 의심치 않았다. 때문에 이 서점에 대해 기대를 품은 것은 어쩌면 너무도 당연한 일이었다.

셰익스피어 앤 컴퍼니는 외관부터 독특한 서점이다. 셰익스피어의 얼굴과 그에 대한 찬미 시가 간판이니 말이다.

> Thou art alive still while thy booke doth live
> 그대의 책이 살아 있는 한 그대는 영원히 살아 있을 것이다
>
> and we have wits to read, and praise to give
> 우리가 책을 읽을 지혜가 있고 그대에게 바칠 찬사가 있는 한
>
> _벤 존슨Ben Jonson 「셰익스피어에 대한 찬미 시」중

셰익스피어 앤 컴퍼니

셰익스피어와 그에 대한 찬미 시

서점의 과거 역시 독특했다. 미국인 조지 휘트먼 George Whitman은 제2차 세계대전이 끝난 후, 자신이 가지고 있던 꽤 많은 양의 영어 책을 가지고 1951년 8월, 서점을 열게 된다. 전쟁 동안 많은 서적들이 불에 탔고, 사람들은 책을 읽고 싶은 마음이 간절했으니 서점은 꽤나 잘되었다.

그러던 어느 날, 휘트먼은 남미여행을 떠나게 된다. 여행 중 병에 걸려 심하게 아팠는데 생면부지인 자신을 돌봐 준 현지인들에게 깊은 감동을 받는다. 대가 없는 친절에 어떠한 깨달음을 얻고, 결심하게 된다. 자신의 서점을 열린 공간으로 공유하기로 말이다.

휘트먼의 실천은 이러했다. 가난한 소설가 지망생이나 예술가들에게 무료로 잠자리를 제공해 주는 것. 물론 엄밀히 말하자면 무료는 아니었다. 그가 내건 조건은 하루에 2시간 일하거나 하룻밤 동안 책을 읽거나 글을 쓰는 것 등이었으니 말이다. 그렇게 시작된 잠자리 제공은 어느새 5만여 명이 넘는 예술가들이 이곳을 다녀가게 만들었다. 5만 명이라니… 어마어마하지 않은가?

영화 속에서 제시도 이곳에서 잔 경험담을 들려준다. "고양이가 머리에서 잤었나 봐." 하는 대사가 나오는데 정말 까만 고양이가 여기저기 돌아다니며 자고 있다. 이곳을 조금만 둘러보면 얼마나 사랑스러운 공간인지 느낄 수 있다. 낡았지만 푹신한 소파가 있고 낡은 책상 옆 창밖으로는 사람들의 모습이 내려다보인다. 오래된 책 냄새가 이방인의 마음을 편안하게 다독인다. 이곳은 네 마음속의 집이며 안식처라고… 셰익스피어 앤 컴퍼

니는 내 집처럼 예뻐해 주고 싶은 그런 곳이다. 무엇보다 곳곳에 쓰인 글귀들이 휘트먼이, 그리고 사람들이 이 공간을 어떻게 생각하고 있는지 느끼게 해 준다.

"Be not inhospitable to strangers lest they be angels in disguise."
낯선 사람에게 함부로 대하지 말라. 그들은 변장한 천사일 수도 있다.

우리는 수만 가지 이유로 크고 작은 상처를 받으며 살아간다. 돈이 없다고, 예쁘지 않아서, 학벌이 좋지 않다는 등의 이유로 말이다. 이런 형태의 사회가 올바른 것은 아닌데 경쟁에서 더 뛰어난 사람으로 보이기 위해 어떻게든 외적으로 꾸미고 페이퍼에 기록할 스펙을 쌓는다. 그 누구보다 행복하고 즐거운 시기를 보내야 할 청년들이 참 우울하고 슬픈 세상에서 살고 있다.

나의 내면의 가치를 보기보다 외적으로 보이는 것에만 집중하는 요즘, 있는 그대로의 나에게 친절을 베푼 사람이 있었나 곰곰이 생각해 보았다.

이제는 아주 오래전이 된 고3 때 특별한 경험을 한 적이 있다. 삶은 너무 비극적이라며 한동안 우울함에 빠져 있었던 늦은 밤, 야간자율학습이 끝나고 버스를 타고 집으로 가던 길이었다. 대각선 맞은편에 앉아 계신 할아버지 한 분과 눈이 마주쳤다. 할아버지는 물끄러미 나를 바라보더니 양 손가락을 입가로 가져다 대고 입꼬리를 올리며 웃는 표정을 지었다. 내게 그렇게 우울해하지 말고 웃으란다. 할아버지의 이는 군데군데 빠져 있고, 옷은 남루하기 그지없었다. 하지만 할아버지의 온화한 얼굴을 보자 그분이 바란 대로 웃을 수밖에 없었다. 고마웠다. 할아버지를 통해 내 모습을 볼 수 있었기에 다시 힘을 내야겠다고 생각했다. 어쩌면 할아버지가 힘들어하는 나를 다독이기 위해 하늘에서 잠시 내려온 변장한 천사일지도 모른다고 생각했으니 말이다.

스페인의 산티아고를 향해 걷던 순례자의 길에서도 그랬다. 길을 걷기 시작한 둘째 날, 상상한 것과 달리 너무 힘이 들어 이 길을 계속 걸어야 할까 고민하는 중이었다. 길에서 먹을 빵을 사려는데 아주머니는 빵 봉투에 내가 산 것보다 더 많은 빵을 담아 주셨다. 의아한 표정으로 쳐다보았더니 그냥 가져가라는 손짓을 했다. 아무 말도 하지 않았지만 아주머니의 눈에는 처음 보는 나를 걱정하고 위로해 주고픈 따뜻한 마음이 담겨 있었다. 내 모습이 얼마나 불쌍하고 힘들어 보였으면 그랬을까 싶기도 하다. 하지만 그 덤으로 얹어 준 빵이 그날 험준한 피레네 산을 넘을 수 있는 마음의 힘이 되었다면, 믿을 수 있을까?

세상을 살다 보면 아주 작은 일 하나에 감동하고, 또 힘을 얻는 계기가 되기도 한다. 휘트먼은 여행길에서 겪은 일에 감동하고 그것을 자신의 가슴속에만 간직하지 않으며 현실에서 '실천'한 사람이다. 그래서 휘트먼의 마음을 공감하는 많은 사람들이 셰익스피어 앤 컴퍼니를 소중히 생각하고 지켜 가고 있는 것이란 생각이 든다.

인종, 종교, 정치적 신념이 다르다고 해서 차별하고, 증오하고, 심지어 사람을 죽이는 뉴스를 접할 때면 너무나 슬프고 그들과 같은 인간이라는 사실이 너무나 부끄럽다. 서점 안에는 이런 글이 적혀 있다.

"My country is the world, my religion is humanity."
나의 나라는 세계요, 나의 종교는 인류애다.

셰익스피어 앤 컴퍼니 덕분에 파리가 좀 더 많이 좋아진 것은 틀림없다.

공원 문화를 느낄 수 있는
뤽상부르 공원

파리에서 가장 쉽게, 가장 편안한 모습의 파리지앵을 볼 수 있는 곳은 어디일까? 에펠탑이나 루브르 박물관 근처에 있는 공원들은 관광객들이 너무 많고, 주변의 다른 공원들은 여행자가 접근하기에는 조금 부담스러운 거리다. 내가 소개하고 싶은 곳은 따로 있다. 가까운 곳에 위치해 있으며 다양한 모습의 파리지앵을 볼 수 있고 여유를 느낄 수 있는 곳. 이름은 잘 알려져 있지만, 여행자들은 머물기보다 그냥 지나쳐 버리기 일쑤인 곳. 뤽상부르 공원이다.

혼자든, 친구와 함께든 상관없지만 준비물이 약간 필요하다. 점심시간 무렵, 슬슬 배가 고파지면 샌드위치와 음료수를 하나씩 사자. 그리고 뤽상부르 공원에 가는 거다.

먼저 점심을 먹을 마땅한 자리가 있나 보실까? 두리번두리번 찾아보는데 벌써 모두들 자리를 잡고 점심 식사 준비를 하고 있다. 빠르기도 하지. 공원 구경도 하고 자리도 구할 겸 슬슬 둘러보기로 했다.

뤽상부르 공원에서 여유를 즐기는 파리지앵들

이 공원은 원래 궁전이던 곳이다. 1630년 앙리 4세의 왕비였던 마리 드 메디시스Marie de Medicis가 머물렀다. 이탈리아 피렌체가 고향인 왕비를 위해 이탈리아 르네상스 양식으로 만든 궁전으로 현재는 프랑스 상원의회의 의사당으로 사용하고 있다. 궁전에는 항상 아름다운 정원이 딸려 있는데 그 정원이 바로 뤽상부르 공원이다.

머나먼 대한민국에서 온 여행자를 위해 의자 하나쯤 양보해 주면 좋으련만, 모두 의자를 두 개씩 꿰차고 내주질 않는다. 지친 다리를 올려놓고 점심을 먹기도 하고, 숙제를 하기도 하고, 신문을 보기도 하고, 낮잠을 자기도 한다. 사랑하는 연인들은 마주 보지 않고 한 벤치에 손을 잡고 앉아 서로 눈을 바라보며 빠질 듯이 사랑을 속삭인다. 친구들과 함께 몰려온 사람들은 일찌감치 잔디밭 위에 자리를 잡고 앉아 수다를 떨며 피크닉을 즐기거나 누가 먼저랄 것도 없이 선글라스를 끼고 선탠을 하고 있다. 아, 서양인들은 비타민 흡수를 위해 식물들처럼 광합성이 필요하니 조금 벗고 있더라도 이해해 주자. 그나저나 잔디밭에 저렇게 아무렇게나 앉으면 한국에서는 쥐의 분비물 때문에 유행성출혈열에 감염된다고 하는데 파리지앵들은 전혀 상관이 없나 보다.

조금 더 걸었다. 슬슬 다리가 아파 온다. 배도 고파 온다. 조금 한가한 구석에는 의자가 있을까 싶어 걷는데, 저편으로 어떤 동상 앞에서 사진을 찍는 사람들의 모습이 눈에 들어온다. 미국으로 보낸 자유의 여신상 미니어처가 이곳 뤽

뤽상부르 공원의 평화로운 점심시간

상부르 공원에 있다고 하더니 바로 여기에 있었구나! 우연히 보물을 찾은 기분이다. 파리에는 여기 말고도 자유의 여신상 동상이 하나 더 있는데 그르넬 다리Pont de Grenelle에 있다. 프랑스혁명 100주년을 기념하여 미국에서 뉴욕 자유의 여신상을 4분의 1로 축소해 만들어 선물한 것을 다리 중간에 세워 놓았다. 덕분에 동상 앞에서 사람들이 똑같은 포즈로 사진을 한 장씩 찍어 가는데, 그 모습이 재미있다.

너무 구석진 곳으로 왔더니 그늘이 있기는 하지만 어둡고 쓸쓸하다. 다리가 아프더라도 다시 공원 중앙으로 걸어가기로 했다. 가는 동안 어린 학생들이 공놀이하는 모습, 아장아장 걷는 아이들이 부모님의 보호 속에 신나게 노는 모습이 보인다. 또 할아버지들이 체스를 두는 모습도…. 이렇게 다양한 연령층의 파리지앵을 한 공원에서 한꺼번에 만날 수 있다는 게 재미있다.

전망이 트인 공원 가운데에서 다행히 의자 두 개를 찾았다. 근처에서는 휠체어에 탄 할머니들이 조용히 그림을 그리고 있다. 나도 다리를 올려놓고 점심 식사를 하기로 했다. 고생한 다리에 이제 피가 좀 통하는 것 같다. 바게트 샌드위치를 한 입 베어 물고 공원 안에 있는 사람들을 구경한다. 여행하다 보면 볼거리에 급급해 식사를 적당히 때우기도 하고, 또 제대로 된 식사를 하더라도 음식을 먹느라 주위를 둘러볼 여유가 없는데 공원에 있으니 갑자기 시간이 멈춰 버린 듯하다. 파리뿐만 아니라 한국에서 살아온 삶을 포함해 얼마 만에 느껴 보는 여유인지 모르겠다. 뤽상부르 공원의 평화로운 점심시간이다.

혁명의 프랑스

사람들은 바스티유 감옥 습격사건을
진실보다는 '파리 시민들이 바스티유 감옥을
습격해 군대를 무찌르고 정치범들을 석방한
영웅적인 사건'으로 기억했다.
그리고 이날은 혁명 기념일로 지정되어
프랑스에서 가장 큰 축제일이 되었다.

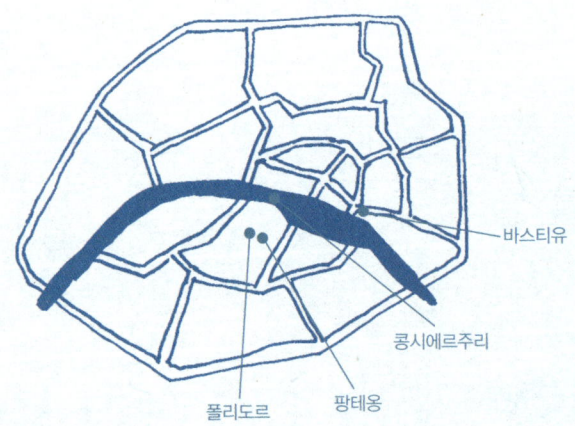

허무한
바스티유 감옥 습격사건

지금은 만화계의 전설이 되어 버린 월간 《르네상스》에서 1988년부터 3년간 연재된 『테르미도르』라는 만화가 있었다. 프랑스혁명을 배경으로 제3계급 출신인 혁명투사 유제니와 귀족 출신 알뤼느의 사랑에 대한 이야기를 다룬 만화다. 제목인 테르미도르 Thermidor는 혁명력으로 제11월을 뜻하는데, 혁명의 시작부터 공포정치를 주도한 로베스피에르 Maximilien Robespierre가 단두대에서 처형당한 테르미도르까지가 이 만화의 주요 배경이다. 제목에서 느껴지는 것처럼 꽤나 진지한 역사만화다.

한 달에 한 번씩 감질나게 연재되는 몇십 페이지의 만화를 보기 위해 가슴 애타며 기다리던 시절. 이 만화 덕분에 세계사 교과서를 뒤적이며 열심히 공부한 사람이 어디 한둘이었던가! 프랑스혁명에 대한 관심은 만화책과 교과서를 넘어 도서관까지 나를 이끌었는데 '혁명'이라는 단어가 주는 비장함과는 달리 종종 어이없는 진실에 맞닥뜨리기도 했다. 그 한 예가 프랑스혁명의 시작이다.

프랑스혁명이 1789년 7월 14일, 파리 시민들이 바스티유 감옥을 습격하는 것으로 시작된 것은 누구나 잘 알고 있다. 그들은 먹을 것이 없어 굶주렸고 왕을 찾아가 항의하기도 했다. 그러던 중 주체할 수 없이 흥분한 시민들은 무기를 탈취하고, 감옥에 갇힌 사람들을 풀어 주기 위해 바스티유 감옥을 습격하기로 한다. 파리 시

프랑스혁명의 시초가 된 바스티유 감옥이 있던 자리

민들은 감옥을 지키던 군대와 대치했다. 군대는 시민들과 적대적 관계였다기보다 시민들의 처지를 동정했고, 협조적인 편이었다. 시민 대표를 점심 식사에 초대해 관련 사안에 대해 협의할 정도였으니 말이다. 바스티유의 사령관이었던 후작은 군대의 안전을 담보로 순순히 감옥 문을 열어 주었다. 열어 준 감옥에는 '해방'해야겠다는 파리 시민들의 의도와는 달리 고작 일곱 명의 사람들이 잡혀 있었

2. 혁명의 프랑스   55

메트로 1·5·8호선이 교차하는 Bastille역에는 프랑스혁명에 관한 벽화가 그려져 있다.

다. 기대한 정치범은 단 한 명도 없었고 화폐위조범, 근친상간범, 미친 사람뿐이었던 것이다. 흥분한 시민들은 예상치 못한 상황에 성이 차지 않자 안전 보장의 약속을 깨고 후작의 목을 잘라 창에 매단 채 거리를 행진했다.

후에 사람들은 바스티유 감옥 습격사건을 진실보다는 '파리 시민들이 바스티유 감옥을 습격해 군대를 무찌르고 정치범들을 석방한 영웅적인 사건'으로 기억했다. 그리고 이날은 혁명 기념일로 지정되어 프랑스에서 가장 큰 축제일이 되었다.

프랑스혁명이 전제왕정을 무너뜨리고 부르주아지와 평민들이 일어나 공화정을 이룩한 혁명이기는 했지만 혁명 기간 동안에 벌어진 일들은 논리적이라기보다 감정적이었고, 시간이 갈수록 그들이 바라던 이상적인 혁명의 모습과는 점점 멀어져만 갔다. 새로운 세상을 만들기 위해 프랑스혁명의 선봉에 섰던 만화책 속의 유제니도, 혁명에 점점 동조하던 귀족 출신 알뤼느도 엉뚱한 방향으로 굴러가는 혁명의 수레바퀴를 바로잡지 못한 채 테르미도르를 맞는다. 그리고 얼마 뒤 프랑스혁명의 끝은 나폴레옹Napoléon Bonaparte 장군의 군사 쿠데타로 정리되고 만다. 가장 아이러니한 일은 왕과 왕비의 목을 자르고 그토록 많은 피를 뿌린 프랑스 시민들이 나폴레옹을 압도적으로 지지하며 '황제'로 등극시키고, 그다음엔 왕정을 복고시킨 사건이 아닐까? 물론 1830년에 7월 혁명이 일어나긴 했지만…. 역사의 반동은 언제나 아이러니하다.

바스티유 감옥은 혁명 당시 해체되어 지금은 볼 수 없다. 감옥의 일부는 콩코르드 다리 건설에 사용했다고 한다. 메트로 1·5·8호선이 교차하는 바스티유Bastille역에서는 프랑스혁명에 관한 벽화를 볼 수 있는데 5호선 쪽에는 바스티유 감옥 벽의 일부가 남아 있기도 하다. 많은 차들로 혼잡한 지상에는 높이 52m의 자유의 천사상이 세워져 있다. 이 추모탑은 1789년에 일어난 혁명을 기리는 것이 아니고 1830년 7월 혁명의 희생자를 기리기 위한 7월 기념비Colonne de Juillet다.

멈출 수 없는 혁명의 잔인함,
콩시에르주리

　　시테 섬의 법원 한쪽에는 콩시에르주리Conciergerie가 있다. 파리 최초의 왕궁이었으나 왕들이 새로운 왕궁을 지어 나가면서 한동안 행정기관으로 사용하던 곳이다. 프랑스혁명기부터 19세기까지 감옥으로 사용했는데 혁명 기간에 수감된 자들은 대부분 기요틴Guillotine, 프랑스혁명 때에 사용한 목을 자르는 사형기구에서 목이 잘리는 참수를 당했다. 우리가 잘 알고 있는 마리 앙투아네트와 루이 16세 등의 왕족과 귀족, 로베스피에르, 당통 등의 혁명가와 일반 시민들까지 기요틴에서 머리가 잘리기 전 이곳에서 머물렀다.

　　일단 입구로 들어가면 으스스한 감옥을 그대로 재현한 모습에 놀라게 된다. 당시 간수와 수감자들의 모습을 마네킹으로 꾸며 놓았는데 수감자들의 방에서 조금 흥미로운 사실을 볼 수 있다. 돈이 없는 사람은 짚이 깔린 방에서 여러 사람들과 함께 생활하고, 돈이 있는 사람들은 침대에서 생활할 수 있었다. 그리고 유명한 죄수나 부자인 경우에는 독방에서 글을 쓰거나 책을 읽을 수도 있었던 것. 자유와 평등을 위해 시작한 혁명이지만 감옥에서는 경제적인 상황에 따라 누릴 수 있는 환경이 달랐다는 점이 흥미롭다. 그런 점에서 기요틴이야말로 평등하기 그지없다.

　　감옥 한쪽에는 마리 앙투아네트가 머물던 곳을 마네킹으로 재현해 둔 곳이 있다. 앙투아네트는 검은 베일을 쓰고 십자가가 세워진 작은 책상 앞에 앉아 있는데, 다음 방에는 손수건과 기요틴으로 떠나기 전 마지막으로 마셨을 작은 물 담는 도자기 등을 전시하고 있다.

돈이 없는 사람은 짚이 깔린 방에서 여러 사람들과 함께 생활하고, 돈이 있는 사람들은 침대에서 생활할 수 있었다. 그리고 유명한 죄수나 부자인 경우에는 독방에서 글을 쓰거나 책을 읽을 수도 있었다.

실제 사용한 칼날.
사람들의 목을 단숨에 잘라냈다.

기요틴 Guillotine 프랑스대혁명 당시 사용한 처형기구다. 기요틴이라는 이름은 당시 대학의 해부학 교수이던 기요탱 Joseph-Ignace Guillotin 이 제안한 데서 시작되었다. 기요탱은 1789년 국민의회 의원으로 선출되었는데 당시의 사형집행 기구인 '낫'이 잘 갈려 있지 않거나, 또는 사형집행자의 실수로 사형수가 고통스럽게 죽어 가자 이에 문제제기를 했다. 그는 지위 고하를 막론하고 평등하게, 또한 최소한의 고통으로 죽을 수 있는 권리에 대해 고민한 인권론자였다. 처음에는 사람들에게 주목을 받지 못했으나 사형수의 수가 급격히 증가하자 사형집행의 효율성과 '속도의 측면'에서 사람들의 관심을 받기 시작했고 마침내 앙투안 루이 Antoine Louis 박사가 기요틴을 만들었다.

기요틴의 무게는 총 580kg으로, 이 중 칼날의 무게는 40kg이다. 총 높이는 4m였으며 칼날의 높이는 2.3m 지점에 설치했다. 사형집행인은 밧줄을 잡아당겨 칼날을 올리고, 손을 놓아 떨어지게 함으로써 죄수의 목을 잘랐다. 순식간에 목이 잘리는 바람에 종종 잘려진 머리가 눈을 깜빡이거나 입을 움직이는 등의 반응을 보이기도 했다. 기요틴은 공포정치 기간에 가장 바빴고(?), 공포정치를 실행한 로베스피에르의 목도 잘라 냈다. 루이 16세, 마리 앙투아네트 등을 포함해 혁명 기간 동안 기요틴에서 사형당한 것으로 추정되는 사람의 수는 최소 1만 6천 명에서 4만여 명에 달한다. 기요틴은 1977년까지 사용되었다.

혁명이 고조기에 이르러 매일매일 기요틴에서 목이 잘리는 사람들이 늘어났다. 사형에 처할 사람들이 너무 많아지자 재판도 하지 않고 기요틴으로 곧장 끌려간 사람도 있었다. 혁명가들은 자신들이 죽기 전날 술을 마시고, 혁명의 노래를 부르며 마지막 밤을 보냈다. 그리고 사형대로 가기 직전 마지막으로 자그마한 '5월의 정원'을 통과했다. 그렇게 마지막 하늘을 눈에 담은 것이다.

콩시에르주리에서 가장 인상 깊었던 곳은 아무래도 2층에 있는 글자가 빼곡히 쓰인 방이다. 방 안에는 ABC순으로 콩시에르주리에서 머물다 프랑스혁명 기간에 처형당한 사람들 2780명의 이름과 직업이 적혀 있다. 타당한 이유가 있어 사형에 처해진 사람도 있겠지만, 혁명의 격양된 열기에 희생된 사람들의 이름도 이곳에 있다. 혁명은 역사의 진보에는 분명 일조했지만, 그만큼의 피를 원했다. 콩시에르주리는 그 어두운 부분을 만날 수 있는 곳이다.

프랑스혁명 당시 처형장으로 사용된 콩코르드 광장

5월의 정원

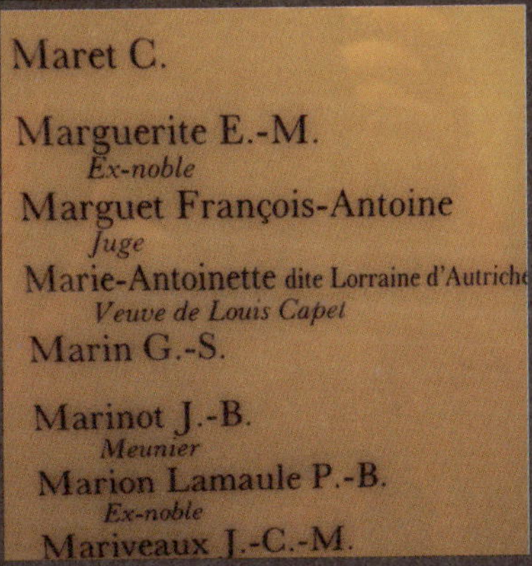

Maret C.

Marguerite E.-M.
Ex-noble

Marguet François-Antoine
Juge

Marie-Antoinette dite Lorraine d'Autriche
Veuve de Louis Capet

Marin G.-S.

Marinot J.-B.
Meunier

Marion Lamaule P.-B.
Ex-noble

Mariveaux J.-C.-M.

감옥 한쪽에는 마리 앙투아네트가 머물던 곳을 마네킹으로 재현해 둔 곳이 있다. 앙투아네트는 검은 베일을 쓰고 십자가가 세워진 작은 책상 앞에 앉아 있다.

ABC순으로 콩시에르주리에서 머물다 프랑스혁명 기간에 처형당한 사람들 2780명의 이름과 직업이 적혀 있다.

마라의
두 이미지

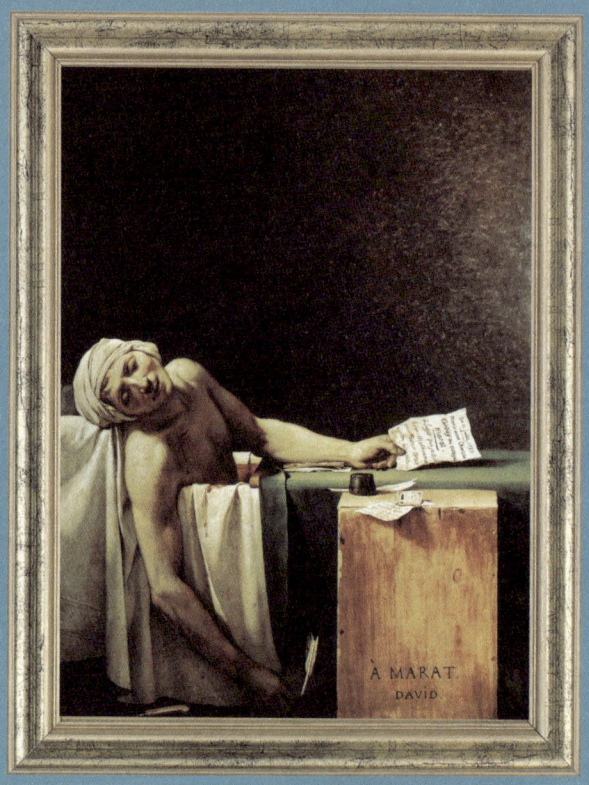

〈마라의 죽음〉(Jacques Louis David, 1793)
벨기에 브뤼셀, 왕립순수미술관(Musées Royaux des Beaux-Arts)

이 그림은 우리에게 잘 알려진 〈마라의 죽음〉이다. 1793년 7월 13일, 긴급청원으로 마라와 면담을 요청한 샤를로트 코르데라는 25세 여성이 마라의 가슴에 칼을 꽂아 살해한다.

프랑스혁명 당시 급진파인 산악당을 이끌던 마라는 피부병이 심해 하루에도 몇 번씩 식초를 탄 물에 몸을 담가야 했고, 바쁠 때는 그림에서처럼 욕조에서 업무를 보았다. 마라의 친구인 다비드는 의회의 요청을 받아 이 그림을 그렸다. 다비드는 '혁명'을 위해 욕조에서조차 일을 하던 마라가 살해당한 모습을 매우 성스럽게, 그리고 감명 깊게 그려 냈다. 왼손에 들고 있는 종이에는 마라가 살해당한 날짜가 적힌 청원서가 들려 있고, 테이블 밑에는 'À Marat David(다비드가 마라에게)'라는 문구가 쓰여 있다. 이 그림은 프랑스 민중들에게 혁명의식을 더욱 고취시켰다.

장 폴 마라 (Jean-Paul Marat, 1743~1793) 스위스에서 태어난 프랑스인으로 의사, 과학자, 정치이론가였다. 1789년 7월 14일, 프랑스혁명이 시작되자 9월 《인민의 벗(l'Ami du Peuple)》을 발간해 민중의 혁명을 독려했다. 마라는 급진적인 저널리스트로 노동자와 농민, 상퀼로트Sans-culotte, 도시 빈민의 편에서 혁명을 이끌었다. 이후 자코뱅당이 정권을 장악했을 때 혁명에 반하는 사람들을 대상으로 대규모 숙청을 단행했는데, 온건파인 지롱드당 지지자인 샤를로트 코르데Charlotte Corday에게 살해당하고 만다.

〈샤를로트 코르데〉(Paul Jacques Aime Baudry, 1860)
프랑스 낭트, 낭트 미술관(Musée des Beaux-Arts de Nantes)

반면에 70년쯤 뒤에 그려진 그림을 보도록 하자. 이번에는 완전히 다른 모습이다. 성스러운 마라의 모습이 아니라 마라를 죽인, 성스러운 여성 샤를로트가 주인공이다. 샤를로트의 뒤에 걸린 프랑스 지도 때문에 국가를 위해 위대한 일을 해 낸 모습이 더욱 의미심장하게 느껴진다.

이 여인은 혁명을 지지하기는 했으나 온건파인 지롱드당의 지지자였다. 혁명에서 루이 16세의 사형은 불필요한 것이었다고 믿었다. 샤를로트는 마라가 죽는 것이 혁명을 위하고 폭력을 없애는 일이라고 생각했다. 그래서 이를 실천으로 옮겨 마라를 살해한다. 그리고 이렇게 말했다. "나는 마라를 죽여 10만 명을 살렸습니다."

군주제를 폐지하고 혁명을 위해 수많은 사람들을 죽이며 공포정치를 펼친 마라에게 적이 많은 것은 당연했다. 이 시기에 콩코르드 광장의 기요틴에서 목이 날아간 사람만 해도 셀 수 없었으니 말이다. 하지만 마라의 죽음은 샤를로트의 생각과는 달리 더 큰 공포정치의 이행으로 이어졌다. 그리고 샤를로트는 기요틴에서 머리가 잘린 뒤에도 한 사내에게 뺨을 맞는 수모를 당했다. 또 공안당국은 샤를로트의 단독 범행을 의심하며 이를 확인하기 위해 잠자리를 함께한 남자가 있는지 처녀성을 확인하기도 했다. 혁명은 여성에게 더 가혹했다.

이 두 그림을 통해 알 수 있는 것은 보는 이의 판단과 견해다. 이야기의 주제는 의외로 단순하다. 어떤 사건에 대해 바라보는 관점에 따라 이렇게 극과 극으로 나뉠 수도 있다는 것. 중간은 없다.

1845년에 오픈한 레스토랑, 폴리도르

어느새 배가 고파 왔다. 점심으로 간단히 바게트 샌드위치를 먹을까 하다가 문득 라틴 지역에 오래된 식당이 있다는 게 떠올랐다. 1845년부터 운영해 온 식당인 크레므리-레스토랑 폴리도르Crémerie-Restaurant Polidor. 레스토랑 앞에 붙은 '크레므리'는 우유, 계란, 치즈 등을 팔던 곳을 뜻한다. 파리에서 가장 오래된 식당 중 한 곳으로 내부 인테리어도 100년 전에 바뀐 후 변함없이 그대로라고 해서 더 궁금했다. 170년이 넘게 운영해 온 식당의 음식 맛은 어떨까?

폴리도르 식당은 메트로 오데옹에서 이어지는 먹자골목에 위치하고 있다. 대학이 있는 라틴 지역 근처의 식당가라 한눈에 봐도 저렴한 분위기다. 시테 섬 아래쪽의 현란한 호객 행위가 존재하는, 관광객을 대상으로 하는 먹자골목과는 차원이 다르다. 영어 메뉴가 없어서 말은 안 통할지 몰라도 바가지를 씌우는 일이 없어 훨씬 편안한 분위기다. 간판은 한눈에 봐도 오래되어 보였다. 쭈뼛거리며 혼자 들어간 식당에는 나이 든 현지 사람들과 관광객들이 삼삼오오 앉아 있다. '이런, 정말 로컬식당 분위기잖아!'

프랑스어 메뉴에 생소한 것이 많아 주문을 받으러 온 사람에게 물어보고 돼지고기 찜과 콩요리를 주문했다. 이곳의 추천 메뉴는 뵈프 부르기뇽Boeuf Bourguignon, 쇠고기를 푹 익힌 요리이라고 들었는데 점심 메뉴에는 보이지 않는다. 잠시 후 주문한 음식이 나왔다. 평상시 다니는 쉐 클레망 같은 식당에서 나오는 세련된 음식과는 달리 투박한 모습에 투박한 맛이다. 우리나라로 치면 오래된 식당에서 청국장찌개나 김치찌개를 먹는 그런 맛이라고나 할까?

1845년부터 운영해 온 식당인 크레므리-레스토랑 폴리도르

와인 셀러도 함께 운영하고 있다.　　　　　오늘의 메뉴

2. 혁명의 프랑스　67

이 식당에서 랭보Arthur Jean Nicolas Rimbaud와 폴 베를렌Paul-Marie Verlaine은 전채로 달팽이요리, 메인 음식으로는 절인 돼지고기요리, 후식으로는 타르트 등을 먹었다고 한다. 우리에게 잘 알려져 있는 어니스트 헤밍웨이Ernest Hemingway와 앙드레 지드André Gide 역시 이곳의 단골손님이었고, 단순히 밥만 먹는 장소가 아니라 열띤 토론을 벌이는 곳이기도 했다.

폴리도르처럼 170년이나 된 식당은 아니지만 우리나라 대학가에도 유서 깊은 카페가 하나 있다. 바로 성균관대 근처에 자리한 '학림다방'이다. 명륜동에 서울대 문리대가 있었던 1953년에 문을 연 다방으로 당시 대학생들의 아지트 역할을 하며 예술과 철학을 논하던 곳이었다고 한다. 한참이나 학번이 다른 내가 대학 선배들에게 들은 이곳의 전설(?)은 김영하가 쓴 무협지에 대한 것이었다. 책의 제목은 『무협 학생운동』으로 80년대 학생운동을 무협지화한 창작소설이다. 대학교, 정파, 대학교 근처의 카페나 서점 등을 실제로 등장시킨 무협지인데 이곳에 바로 학림다방이 등장한다는 것. 대학생 시절 호기심에 선배와 함께 처음 들렀다가 몇 년 후 엄마와 함께 연극을 보러 나선 길에 다시 찾았었다.

폴리도르의 냅킨

크레므리-레스토랑 폴리도르
Cremerie-Restaurant Polidor
주소 41 Rue Monsieur Le Prince
전화 01 43 26 95 34
운영 12:00~14:30, 19:00~24:30(일요일은 ~23:00)
가는 방법 메트로 4·10호선 Odéon역에서 Monsieur Le Prince 길 방향으로 나와 번지수를 확인하며 올라오면 왼편에 보인다.

100년 동안 변함없는 식당 내부의 모습

주문을 받으러 온 사람에게 물어보고 돼지고기 찜과 콩요리를 주문했다.

학림다방

학림다방의 커피

낡은 인테리어와 클래식 음악이 항상 그 자리에 먼저 와서 기다려 주는 친구처럼 편안함을 느끼게 한다. 연세대 앞에도 소설에 등장한 '오늘의 책'이라는 사회과학 서점이 있었다. 지금은 없어져서 아쉬웠는데 이곳은 여전히 운영하고 있어 안도감이 든다. 어쩌면 이런 곳들이 유지되는 것 자체가 뭐든 새롭고 세련된 것을 좋아하는 우리나라에서는 힘든 일인지도 모르겠다. 하지만 전통과 역사는 사람들의 꾸준한 관심 속에 이어져 나간다.

많은 양의 음식을 먹어서 배가 불러 왔다. 후식은 그만두고 그냥 에스프레소로 입가심을 하고 말았다. 이곳은 타르트 타탕 Tarte Tatin, 사과파이 등의 홈메이드 타르트도 맛있기로 유명하니 꼭 먹어 보도록 하자.

프랑스의 뜨거운 심장이 잠들어 있는
팡테옹

　라틴 지역의 가장 높은 언덕에 있는 팡테옹 Panthéon 은 요즘 여행자들에게 그리 인기 있는 장소는 아니다. 그러나 에펠탑이 들어서기 전에는 파리에 도착한 여행자들이 가장 먼저 찾는 곳이었다는 사실! 그 이유는 프랑스의 모든 존경받는 영웅들이 이곳에 잠들어 있고, 또 이곳에서 바라보는 파리 시내의 전경이 일품이기 때문이다(파리는 대부분 평지로 높은 지대는 몽마르트르와 팡테옹이 있는 곳 정도다). 하긴 에펠탑이 생겼으니 에펠탑만큼 좋은 전망을 볼 수 있는 곳도 없겠다. 게다가 팡테옹은 프랑스 영웅들의 무덤이니 다른 나라 사람들에게 썩 매력적인 공간은 아니리라.

　하지만 서양철학과 문학사에서 세계적인 위치를 차지하는 위인이 잠들어 있는 곳으로 이들의 가치를 아는 사람들은 이곳을 놓치지 말라고 말하고 싶다.

　팡테옹은 원래 루이 15세가 파리의 수호성인인 성 주느비에브를 기리기 위해 지은 성당이었다. 하지만 이 성당을 완공한 때는 1790년 프랑스혁명 시기! 미라보는 이 성당이 종교적인 신전이 아닌, 국가를 위해 헌신한 프랑스인들을 모시는 곳이 되어야 한다고 주장했다. 이름도 그리스어로 '신들을 모시는 궁전'이라는 뜻의 팡테옹으로 짓고, 건물 정면에는 황금색으로 'AUX GRANDS HOMMES LA PATRIE RECONNAISSANTE'라는 글귀를

팡테옹

2. 혁명의 프랑스

남겼다. 이는 '조국이 위대한 사람들에게 감사를 표하다'라는 뜻이다. 이곳에는 프랑스혁명에 지대한 영향을 끼친 볼테르, 루소 그리고 프랑스 지성을 대표하는 에밀 졸라, 위대한 문학가인 빅토르 위고 등 약 80여 명이 잠들어 있다.

팡테옹은 프랑스인들의 자존심만큼이나 까다로운 입관 기준을 자랑하는데, 사후 10년 동안 프랑스 시민들의 자격 심사 토론이 벌어진다. 미라보 백작처럼 이곳에 들어왔다가 시간이 흘러 역사를 재해석한 결과 쫓겨난 인물들도 종종 있다. 팡테옹 이장의 최종 결정권한은 대통령에게 있다. 이곳에 마지막으로 들어온 인물로는 『삼총사』와 『몽테크리스토 백작』을 쓴 알렉상드르 뒤마가 있다. 뒤마는 사망 후 132년이 지난 2002년에 이곳에 안치되었다.

빅토르 위고의 묘비

푸코가 지구 자전을 증명한 곳

왼쪽에 빅토르 위고, 정면에 알렉상드르 뒤마, 오른쪽에는 에밀 졸라가 잠들어 있다.

프랑스혁명에 지대한 영향을 끼친 볼테르

2. 혁명의 프랑스

파리에서 겪은
차원이 다른 파업 이야기

Grève à Paris

파업 기간 여행 팁 파업 기간 동안 프랑스를 여행하는 것은 결코 쉬운 일이 아니다. 일부 TGV를 제외한 기차는 대부분 운행을 중지해 다른 도시로 이동하는 것이 불가능하다. 규모가 큰 파업이 발발하면 시내에도 메트로와 버스가 드물게 다니고, 설사 탈 수 있다 하더라도 사람들로 가득 차 불편하다. 파업 기간에는 30분~1시간에 1대인 메트로를 기다리느니 차라리 걷는 게 더 빠르다. 시내에 살고 있는 파리지앵 대부분은 시티바이크, 벨리브를 타거나 인라인스케이트, 킥보드, 오토바이 등을 이용한다. 파업 기간 동안 좋은 점이 딱 하나 있다면, 메트로는 개찰구를 모두 열어 놓기 때문에 무료로 이용할 수 있다.

몇 년 전, 한 달 동안 파리 근교에 방을 얻어 지내고 있을 때의 일이다. 여느 때처럼 시내로 가기 위해 지하철역으로 향했다. RER파리 교외를 연결하는 고속 지하철의 배차 시간을 보려고 모니터를 보니 웬일인지 텅 비었다. 평소 사람들로 북적이던 플랫폼도 적막한 게 뭔가 이상했다. 도대체 무슨 일이지? 세상에나! 말로만 듣던 프랑스 파업이었다. 사르코지의 연금개혁안에 노동자들이 반발해 무기한 파업을 시작했다고 한다. 연금개혁안의 주된 내용은 정년퇴직을 60세에서 62세로 연장하고, 100% 연금 수급 개시일인 65세를 67세로 늦추는 내용이었다. 우리나라 같으면 퇴직을 늦게 하니 더 좋다고 할 텐데, 프랑스인들은 더 늦게까지 일하고 더 늦게 연금을 타 여유로운 노후를 즐길 수 없다는 것에 전 국민의 70%가 반발하며 파업을 지지했다.

파업이란 말에 걱정되긴 했지만, 한국에서 일어나는 파업을 생각했다. '에이~ 설마, 차가 없겠어?' 40분 정도를 기다려 일단은 시내로 들어갈 수 있었다. 문제는 돌아올 때였는데, 메트로와 RER 대부분이 운행을 중단해 버렸다. 그나마 많이 다니는 메트로 1호선을 타고 종점까지 가서 다시 버스를 두 번 갈아타고서야 겨우 집에 돌아올 수 있었다. 평상시라면 30분 정도 걸리는 거리였는데, 이날은 3시간이 걸렸다.

텅 빈 지하철

다음 날이 되자 어제는 그나마 운이 좋았던 것임을 깨달았다. 나갈 때는 3시간, 돌아올 때는 중간 버스의 연결편이 없어 3km 정도 되는 뱅센 숲을 가로질러 걸어야 했으니 말이다. 나뿐만 아니라 많은 사람들이 어두컴컴한 길을 함께 걸었다. 집에 돌아와 시계를 보니 4시간이 걸렸다.

하이라이트는 파업 3일째, 상황은 더 심해졌다. 시내로 나가는 데만 5시간이 걸렸다. RER 운행을 하지 않아 버스를 두 번 타고 겨우 파리 외곽의 지하철역에 도착했지만, 입구에는 셔터가 내려져 있다. 지하철 직원 몇 명이 안쪽에 있었다. 한국이라면 누군가 소리를 지르며 항의할 만한 상황인데 모두 조용히, 심지어 웃으며 교통정보만 나누는 모습이다. 물론 간간이 한숨 소리가 섞였다.

일단 밖으로 나와 길 가는 사람들에게 시내로 가는 버스 편을 물었지만 그들은 하나같이 "없다."고만 답해 내 억장을 무너지게 했다. 이미 3시간이나 차를 타고 왔는데 다시 돌아가자니 눈앞이 캄캄해졌다. 학생들에게 파리 시내로 어떻게 가냐고 묻자, 영어를 하는 한 남자를 붙잡아 줬다. 이 남자는 나이트클럽에서 근무하는데 지금 출근 중이란다. 어제 일을 마치고 집으로 오는데 차가 없어서 2시간을 걸었단다. 친절하게 TVM이라는 버스를 타고 지하철로 갈아타는 연결편을 알려 주며 따라오란다. TVM 정류장으로 갔지만 40분을 기다려야 했다.

"40분을 기다리느니 난 걷겠어. 기다리는 동안 몸이 얼어붙는 게 싫어."

그가 말했다.

"나도 따라 걸을래."

버스를 너무 오래 탔더니 걷고 싶은 생각이 들어 얼른 따라나섰다.

"파업이 정말 대단하구나. 설마 이 정도일 줄은 몰랐어."

한 남자가 위험하게 메트로 사이에 올라탔다.

포화 상태의 메트로를 탈 수 없어 망연자실해 있는 사람들

"1995년엔 더 대단했지. 정말이지 평생 잊을 수 없을 거야. 무려 3주 동안 파업이 지속되었으니까. 그중에 일주일은 청소부도 파업에 동참했는데, 일주일 동안 쓰레기를 수거하지 않아서 동네 곳곳에 산더미만큼 쌓였었어. 냄새도 엄청 심했지."

그는 재밌는 경험이었다는 듯 웃음을 지어 보였다.

"사람들은 파업 기간에 어떻게 출근했지?"

"다들 대책을 마련했지. 호텔이나 친구네 집에 머물기도 하고, 또는 택시나 자전거를 타든가 인라인스케이트를 타기도 했지. 킥보드 알지? 킥보드가 등장한 것도 1995년 파업 때부터라고. 그때는 바퀴 달린 건 몽땅 다 탔지."

그는 키득대며 웃었다.

"난 예전 파업이나 지금 파업이나 모두 이해해. 모두 더 많이 일하고 싶어 하지는 않으니까. 내 불만은 딱 한 가지야. 왜 파업은 항상 추울 때 하는지 모르겠어. 날이라도 따뜻하면 길거리에서라도 잘 수 있을 텐데 말이야. 나 같은 직업에 종사하는 사람들이 새벽에 집으로 돌아올 때 얼마나 추운지 알아? 어휴."

기다림은 계속된다.

메트로를 기다리다 지쳐 앉아 있는 사람들

사르코지의 개혁안에 대해 국민들 사이에서는 찬반 여론이 팽팽하게 맞서고 있다며 자기도 어떻게 결말이 날지 궁금하단다.

"그나저나 이번 주에 교통카드를 끊었는데 어떡하지? 비싸게 주고 산 건데 파업 때문에 무용지물이 되어 버렸어. 파업인 줄 알았다면 사지 않았을 텐데…. 문의했더니 환불도 안 된다고 하고."

"하하하. 카드 따위는 잊어. 파업 기간엔 아무도 교통비를 내지 않아."

그는 사람들 사이로 총총히 사라졌고, 파업은 열흘간 더 계속되었다. 사르코지의 연금개혁안은 통과됐다. 그날의 경험 이후로 나는 아무리 방값이 저렴하다 하더라도 파리 근교에 숙소를 구하는 일은 피하게 되었다.

천국과 지옥을
오가는 몽마르트르

몽마르트르는 파리 최초의 주교인
생 드니(St-Denis)가 순교한
역사적인 장소다. 몽마르트르란 이름 역시
몽(Mont, 산) 마르트르(Martre, 순교자),
즉 '순교자의 산'이라는 뜻이다.

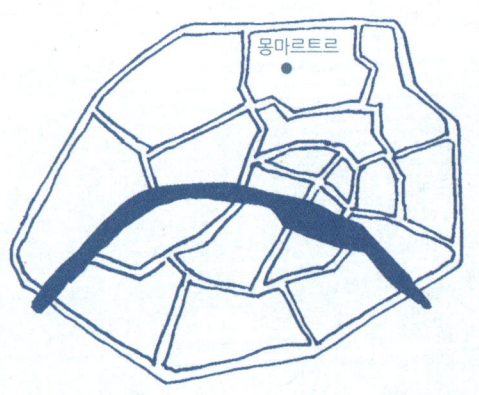

몽마르트르에서
만난 여승

순진하기만 하던 스무 살 시절, 첫 배낭여행에서 몽땅 털렸었다. 니스의 기차역 앞에서 잃어버린 내 빨간 가방. 그 안에는 여권, 항공권, 유레일패스, 현금, 카메라 등 전 재산이 들어 있었다. 사건이 일어난 날은 금요일. 다행히 분실한 여행자수표를 재발급해 주어 수중에 돈이 조금 생겼다. 일단 여권을 만들어야 해서 야간열차를 타고 파리로 올라가기로 했다. 그런데 기차 요금이 어마어마하다. 기차표를 사고 나니 대사관이 문을 여는 월요일까지 간신히 버틸 수 있는 돈이 남았다. '파리에 도착한 다음엔 어떡하지?' 무조건 돈을 아껴야 했다. 그 당시 내가 생각해 낸 방법은 단 하나, 바로 노숙이었다.

그래서 찾아가게 된 북역Gare du Nord. 적당한 자리를 골라 배낭을 내려놓고 바닥에 앉았다. 배낭에 몸을 기댄 채 지나다니는 사람을 구경하고 있는데, 누군가 내 앞을 왔다 갔다 한다. 오른쪽으로 휙, 다시 왼쪽으로 휙. 그러더니 내게 말을 걸기 시작했다.

"한국분이시죠? 어디로 가세요?"

"저는 아무데도 안 가는데요."

"네?"

나랑 동갑인 그 남자는 다른 도시로 떠나려고 이곳에 왔단다.

에펠탑이나 몽파르나스 타워에서는 비싼 돈을 지불해야 파리 시내 전망을
볼 수 있지만 몽마르트르에서만큼은 파리 시의 멋진 전망을 무료로 볼 수 있다.
사크레쾨르 성당은 해발 129m의 언덕 정상에 위치하고 있다.

3. 천국과 지옥을 오가는 몽마르트르

혼자 여행하는 중이라 동행자를 구하고 있었는데 마침 내가 눈에 띈 것이다. 나는 니스에서 가방을 잃어버려서 돈을 아껴야 하기 때문에 이곳에 노숙을 하러 왔다고 말했다.

"안 울었어요?"

"눈물이 안 나던데요."

"저 같으면 엉엉 울고 집으로 돌아갔을 텐데…."

"1년 동안 아르바이트해서 힘들게 온 여행이라 그냥 집으로 돌아가고 싶지 않아요. 여행을 계속하고 싶어요."

"여자분 혼자신데 대단하시네요. 음… 저기요."

"네?"

"제가 100달러를 빌려 드릴게요."

"절 어떻게 믿고요? 제 말이 거짓말일 수도 있잖아요."

"에이~ 아닌 것 같아요. 돈은 한국으로 돌아간 다음에 주세요."

남자는 종이에 자신의 집 전화번호와 주소, 이름을 적어 주었다. 그리고 주머니를 뒤적이더니 전화카드며 남은 프랑스 동전을(그때만 하더라도 유로화를 사용하기 전이라 프랑을 썼다) 탈탈 털어 줬다. 또 자신이 묵던 한국인 민박집 주소와 전화번호를 적어 주며 이렇게 말했다.

"여기서 노숙하지 마시고 돈 드렸으니까 민박집으로 꼭 가세요. 거기서 도와줄 거예요. 기차역은 위험해요."

그러고는 기차를 타러 사라져 버렸다.

세상에, 이렇게 고마울 수가! 나는 독일에서 모르는 사람을 도왔다가 돈을 날린 경험이 있어서 다시는 도와주지 말아야겠다고 다짐했었다. 그런데 저 사람은 저렇게 좋은 마음으로 내게 돈을 주다니 정말 눈물이 날 정도로 고마웠다.

돈이 생기자 마음에 여유가 생겼다. 월요일에 대사관에 가야 하는데 여권용 사진도 함께 잃어버려서 사진을 다시 찍어야 했다. 기차역 내에 있는 즉석사진기에서 사진을 찍기로 했다. 그런데 이번에는 사진기가 고장이 났는지 흑백으로 나왔다. 여권용 사진은 컬러인데 어떡하냔 말이다! 얼굴은 금세 울상이 됐다. 조금 상황이 나아졌다고 생각했는데 또 돈을 날리게 생겼다. 지지리 복도 없지…. 정말 억울하고 화가 나서 즉석사진기 옆에 있는 매표창구에 가서 따졌다.

분명히 사진에 대해 따지는 내용으로 시작했는데 어느새 나도 모르게 속에 있는 말을 영문도 모르는 매표원에게 쏟아붓고 있었다. 니스에서 가방을 잃어버린 이야기며, 프랑스의 소매치기 문제며, 너희 나라는 도대체 왜 이 모양이냐며 하소연을 했다. 매표원은 영어를 전혀 못하는 프랑스 사람이었는데 말이다. 등 뒤에 서 있는 줄은 점점 길어졌고, 보다 못한 서양인 여행자 한 명이 조심스레 내 옆에 다가와 어깨를 툭툭 쳤다.

"네 사정을 들으니 정말 안됐어. 하지만 저 매표원은 기차표와 관련한 일만 처리하는 것 같아. 내가 프랑스어를 조금 할 줄 아는데 매표원이 말하길 즉석사진기에 전화번호가 적혀 있는데 그쪽으로 전화를 하면 된대. 그러니 화가 나겠지만 네가 이해하렴."

정신을 차려 뒤를 보니 줄이 5m쯤 서 있다. 나도 미안해져서 알았다고, 고맙다고 하고 나왔는데 우울한 마음은 어쩔 수 없었다. 왜 자꾸 이런 일이 일어나는 걸까. 그때….

"안녕하세요, 한국분이시죠?"

회색빛 승복을 입은 여승이다.

"네, 한국 사람이에요."

"뒤에서 이야기를 들어 보니 딱해서…. 저는 지금 미국에 있는 절로 돌아가려고 공항행 티켓을 사러 왔는데 남은 돈이 좀 있어서요. 이것 좀 받으세요."

양쪽 주머니에서 두 손 가득 담길 만큼의 동전을 꺼내 주신다.

"프랑스 음식 때문에 도저히 더 못 있겠더라고요. 된장이 몹시 먹고 싶어서 절에 가려고요. 빵에 된장을 발라서 먹어 보긴 했는데 아무래도 성에 안 차네요. 비행기를 앞당겨 보려고 했는데 좌석이 없대요. 그래도 공항에 가면 무슨 수가 생길 것 같아 일단 가려고 해요."

빵에 고추장을 발라 먹는 여행자는 봤는데, 된장을 발라 먹는 여행자는 처음이다. 그래도 갑자기 나타나 도와주니 천사가 따로 없다.

"고맙습니다. 정말 고마워요."

여승은 공항행 티켓을 사더니 여행 잘하라는 말을 남기고 지하철을 타러 갔다.

정말이지 뭐에 홀린 것 같은 날이었다. 백마 탄 왕자처럼 갑자기 나타나 100달러를 주고 사라진 동갑내기 남자나, 150프랑을 내 두 손 가득 남기고 떠난 여승이나…. 어안이 벙벙했지만 덕분에 얼마나 많은 용기를 얻었는지 모른다.

두 사람의 도움 덕분에 민박집에서 머물 수 있었고, 월요일에 대사관에 들러 여권 신청을 했다. 또 집으로 전화해 유레일패스와 돈을 부쳐 달라는 부탁을 했다. 유레일패스를 받으려면 파리에서 열흘쯤 시간을 보내야 했다. 수중에 돈이 많지는 않았지만 근근이 생활할 수 있었다. 어차피 열흘 동안 파리에 있어야 한다면 우울하게 숙소에만 있지 말고 돌아다녀야겠다고 생각했다. 조금 먹고, 메트로를 타는 대신 걸어 다니면 되는 거였다.

며칠이 지나 파리가 익숙해지자 한국에서 갓 들어온 여행자들의 부탁으로 가이드를 해 주는 대신 점심을 얻어먹기도 했다. 또 떠나는 여행자들은 내게 메트로 티켓이나 동전을 주고 가기도 했다. 민박집에 머무는 사람들은 니스에서 몽땅 털린 내 이야기를 듣는 것을 좋아했다. 빨간 가방 이야기를 들으며 주의를 다지고 '나는 이런 일을 안 당해서 다행이야.' 하고 안도의 한숨을 내쉬었다. 수십 번을 말했는데 또 듣고 싶어 하는 사람이 생겼고, 나중에는 이야기를 해 주면 먹을 것을 주겠다는 사람도 생겼다.

여승을 다시 만난 몽마르트르의 계단

여권을 신청한 날, 곧바로 숙소에 들어가기 싫어 몽마르트르를 찾았다. 언덕 위에 자리한 성당으로 올라가다가 계단에 앉아 잠시 쉬고 있는데 누군가 내 옆을 지나 내려간다. 회색 승복에 민머리. 혹시나 해서 "스님!" 하고 불렀는데 토요일에 내게 동전을 주고 떠났던 그 여승이다.

"어머, 그때 비행기를 못 타셨어요?"

"아… 네. 좌석이 만석이어서 못 떠나고 그날, 공항 근처에 있는 호텔에서 잤어요. 숙소 찾느라 고생 좀 했죠. 비행기 자리가 생기는 대로 연락해 달라고 했는데 아직이네요."

"그러시구나. 저는 스님 덕분에 민박집에서 머물고 있고, 오늘 여권도 신청했어요. 대사관에 나온 김에 이곳에 왔는데 이렇게 만나게 되다니 정말 신기하네요."

이야기를 나누다 보니 내가 다니고 있는 대학교의 부설 고등학교를 나오셨단다. 집도 근처란다. 신기하기만 하다. 이렇게 세상은 넓은 것 같지만 동시에 좁고 인연의 끈은 얇지만 강하다. 나는 여행을 시작하면 영어 공부를 한답시고 외국 친구들만 사귀고, 한국 사람들은 만나지 않을 거라는 오만한 생각을 하고 있었는데, 그때 겪은 사건으로 많은 것을 깨달았다. 아무래도 이런 깨달음을 주기 위해 저 높은 곳에서 '빨간 가방 사건'을 겪게 했는지도 모르겠다. 덕분에 내가 받은 것처럼 낯선 사람들에게 친절을 베푸는 법을 배우게 되었고, 겸손해졌으니 말이다. 그걸 깨닫게 해 준 백마 탄 왕자와 천사 여승 그리고 내 빨간 가방을 훔쳐 간 도둑에게(!) 감사한다.

몽마르트르
도보여행

어렸을 때의 기억은 대부분 흐릿한데 신기하게도 소풍날 보물찾기를 한 기억만큼은 어찌 된 영문인지 또렷하다. 보물이 숨어 있지 않을까 수풀을 뒤적이고 바위를 들춰내며 두근대던 내 심장 소리. 내게 몽마르트르는 보물찾기의 동산 같은 그런 곳이다.

몽마르트르는 파리 최초의 주교인 생 드니St-Denis가 순교한 역사적인 장소다. 몽마르트르란 이름 역시 몽Mont, 산 마르트르Martre, 순교자, 즉 '순교자의 산'이라는 뜻이다.

이름은 상당히 엄숙하지만 언덕 아래와 언덕 위의 분위기는 천지 차이다. 먼저, 언덕 아래의 피갈Pigalle역과 앙베르Anvers역 라인이 있는 곳은 유흥가다. 이곳의 진면목은 낮보다 밤이 되면 더 잘 보인다. 가장 유명한 물랭루주Moulin Rouge, 빨간 풍차라는 뜻는 1889년에 개장한 카바레다. 120년이 넘은 카바레 공연장으로 캉캉춤을 처음 소개한 곳이기도 하다. 영화 〈물랑 루즈〉에도 그 화려한 모습이 잘 나타나 있지만, 화가 로트레크의 포스터와 그림을 본다면 "아~ 여기!" 하고 고개를 끄덕이게 되는 곳이다. 당시 이 화가가 그린 포스터는 인기가 좋아 붙이는 즉시 사람들이 떼어 갈 정도였다고 한다. 물랭루주의 카바레 쇼를 보려면 100유로 정도가 든다.

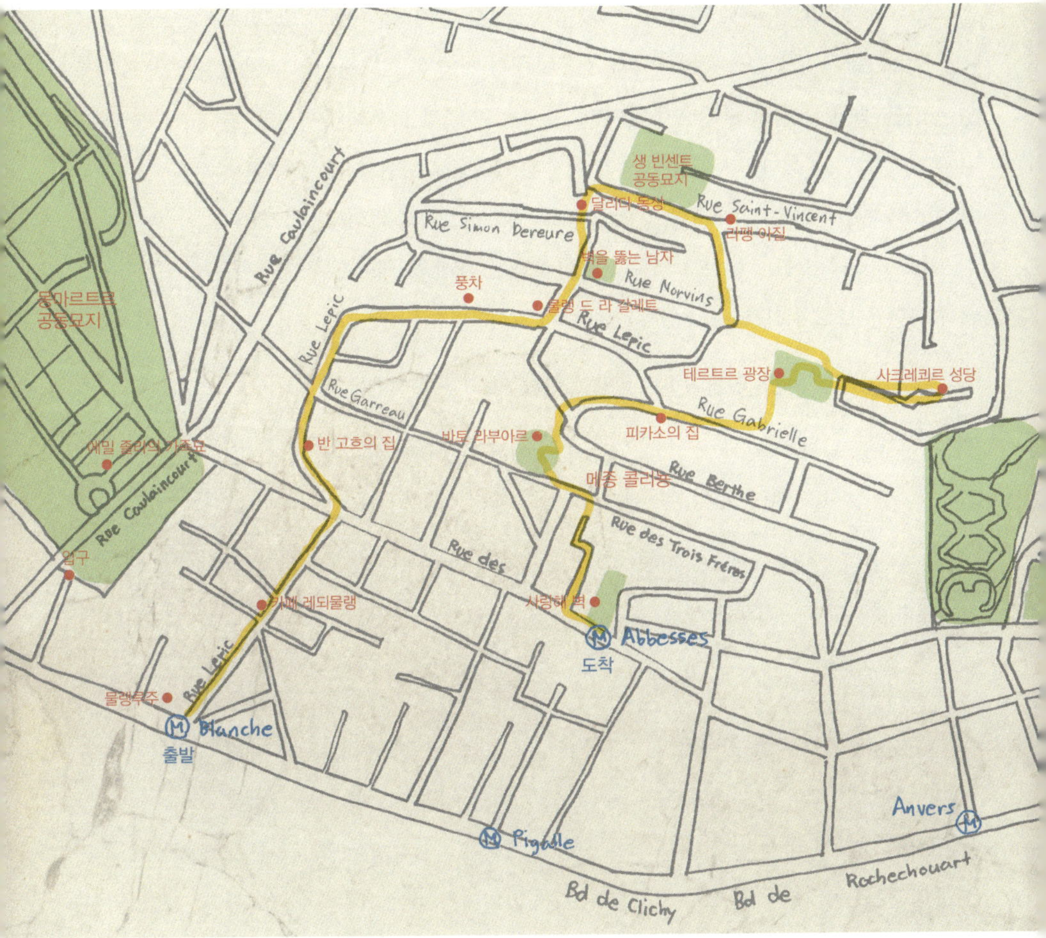

로트레크의 삶
앙리 드 툴루즈 로트레크 Henri de Toulouse-Lautrec는 부유한 귀족의 아들로 태어났다. 조상들의 근친혼으로 인해 152cm 키에서 성장을 멈추었고 다리가 변형되어 평생 절름발이로 살았다. 취미로 책을 읽고 그림을 그리던 로트레크는 청년이 되었을 때 당시 예술가들이 모여 살던 몽마르트르로 이사한다. 그의 관심사는 카바레, 사창가, 술집의 사람들을 그리는 것이었다. 이런 이유로 아버지는 로트레크에게 백작지위를 물려주기를 거부했고, 결국 알코올 중독과 정신병원 입원, 몸의 마비 증세로 39살의 나이에 사망했다. 로트레크가 그린 포스터는 기존에 나오던 상업적인 포스터의 수준을 예술작품으로 올려놓았다는 평을 듣는다.

물랭루주가 있는 대로 주변에는 성인용품점, 성인 비디오숍이 있고 핍쇼 Peep Show, 구멍으로 엿보는 장치가 되어 있는 쇼 등의 공연이 펼쳐진다. 낮에는 주변에 있는 건물 색에 묻혀 잘 드러나지 않지만, 밤에 가면 주로 붉은색의 현란한 빛으로 가득 차는 곳이다. 호기심에, 혹은 저렴한 가격을 부르는 호객 행위에 혹해 이곳을 찾았다가 술값이나 공연 요금을 바가지 쓰는 한국인 여행자가 꽤 된다. 다들 어디 하소연도 못하고 당하는데 차라리 100유로를 내고 전통 있는 카바레 공연을 보도록 하자.

한번은 민박집에서 만난 언니, 오빠와 함께 이 길을 구경하는데 오빠가 제안을 했다.

"라이브쇼 요금이 얼마 안 하는데 우리 잠깐 보러 갈래?"

함께 있던 언니와 나는 잠시 정적. '그걸 우리가 보러 가고 싶어 할 거라고 생각하나요?' 내가 나서서 말했다.

"그 돈이 있으면 샌드위치라도 하나 더 사 먹을래요."

그때는 빨간 가방을 잃어버리고 걸어 다니고 있을 때였으니 나로서는 당연한 대답이었다. 잠시 정적이 흐르고 우리는 아무 말 없이 메트로를 타고 숙소로 돌아왔다. 당시엔 내가 뭘 잘못한 건가 싶기도 했는데, 지금 생각해도 그때 그렇게 말하길 잘한 것 같다. 여자 혼자서 이 지역 밤거리를 돌아다니는 것은 위험하니 주의해야 한다.

120년이 넘는 역사를 지닌 카바레

낮의 물랭루주

밤의 물랭루주

물랭 드 라 갈레트.
많은 화가들의 화폭에 담겼다.

언덕 아래가 붉은빛의 환락가라면, 언덕 위는 예술의 분위기가 물씬 풍기는 곳이다. 지금은 몽마르트르 지역이 세련되고 경제력 있는 젊은 사람들이 사는 동네로 바뀌었지만, 과거에는 가난한 예술가들이 모여 사는 곳이었다. 돈이 없어 집세도 못 내고, 신발이 없어 밖에 나가지도 못하는 예술가들이 살던 곳. 먼저 물랭루주 옆으로 난 Lepic 길을 따라 올라가 54번지를 찾아보자. 54번지 건물의 4층 왼쪽에서 세 번째 집이 바로 반 고흐가 테오에게 얹혀살던 집이다. 고흐는 이곳으로 이사를 온 후 인상파 화가들을 만나 흥분하고 교류했지만 시간이 지나면서 점차 고립되었다. 굽어진 Lepic 길을 따라 계속 걸어가면 풍차가 나타난다. 몽마르트르에는 지금은 사용하지 않지만 오래된 풍차가 2개 있다. 이 중 물랭 드 라 갈레트Le Moulin de la Galette는 많은 화가들이 화폭에 담은 곳으로 유명하다. 고흐와 르누아르, 피카소 등이 그렸다.

두 번째 풍차가 보이면 왼쪽으로 꺾어진다. 한 블록 들어가면 오른쪽 작은 공터에서 재미난 동상을 볼 수 있다. 벽을 뚫는 남자 Le Passe Muraille다. 이 남자는 상상력이 풍부한 마르셀 에메 Marcel Aymé가 쓴 소설 속 주인공이다. 벽을 뚫는 남자의 이름은 듀티율. 우체국 공무원인 그는 어느 날 자신에게 벽을 통과하는 능력이 있다는 사실을 발견하게 된다. 그래서 의사를 찾아갔더니 "사랑을 하게 되면 벽을 통과할 수 없다."는 이상한 말을 듣는데…. 듀티율은 자신의 능력을 이용해 고약한 상사를 혼내주고, 훔친 보석으로 가난한 사람을 돕는 등 사람들 사이에서 영웅이 된다. 그러던 어느 날, 의처증이 있는 검사의 아내인 이사벨을 보고 첫눈에 반하는데 이 여인을 사랑하게 되면서 벽을 통과하는 능력이 사라진다는 내용이다. 소설 속 인물이 몽마르트르의 한 벽에 구현되다니 사람들에게 얼마나 많은 사랑을 받고 있는지 알 수 있다. 다들 이곳에서 벽을 뚫는 남자와 함께 사진을 찍는데, 자세히 보면 왼손 손톱에 누군가 매니큐어를 발라 놓았다.

마르셀 에메의 소설 속 주인공인 벽을 뚫는 남자

샹송가수이자 영화배우였던
달리다의 동상

몽마르트르의 작은 포도밭

　올라왔던 길을 따라 걸어가면 머리가 풍성한 아름다운 여자 동상을 만나게 된다. 여인의 이름은 달리다Dalida, 본명은 Yolanda Cristina Gigliotti. 프랑스에서 샹송가수 겸 영화배우로 활동했다. 달리다는 이탈리아인 부모를 두었다. 이집트에서 태어나 21세에 미스 이집트로 뽑힌 후 영화배우가 되기 위해 프랑스로 넘어가 유명해졌다. 한국에서는 '달리다'라는 이름보다 알랭들롱과 함께 부른 '파롤레 파롤레Paroles Paroles'와 '베사메무초Besame Mucho'로 더 유명하다. 그녀는 54세에 수면제 과다복용으로 자살했다.

　동상 뒤편에 있는 계단으로 내려가면 나무를 심어 놓은 작은 광장이 나온다. 광장이 시작되는 오른쪽 길이 Vincent 길인데 조금 가파르다. 이 길을 따라 올라가면 왼쪽에 높은 담벼락이 보이는데 성 빈센트 묘지다. 길이 끝나는 무렵에 라팽 아질과 작은 포도밭이 있다. 1875년에 화가인 앙드레 질André Gill이 냄비에서 뛰어나오는 토끼를 가게의 간판으로 그렸다. 원래 '앙드레 질의 토끼Lapin à Gill'였는데 사람들이 라팽 아질Lapin Agile, 날쌘 토끼라는 뜻로 부르게 되면서 자연스레 가게 이름이 되었다. 20세기 초 피카소, 모딜리아니 등이 단골로 드나들던 카바레로 지금도 샹송공연을 볼 수 있다. 건너편에 있는 포도밭(파리에서 포도밭을 볼 수 있다니!)에서 생산한 포도를 이용해 와인을 만든다. 맛은 그다지 좋지 않다고 한다.

포도밭에서 조금 힘을 내 Saules 길을 따라 올라가도록 하자. 어느새 관광객들이 북적이는 몽마르트르의 중심가가 시작된다. 테르트르 광장Place du Tertre에 도착하면 그 활기찬 분위기에 정신이 잠시 멍해질 수도 있겠다. 곳곳에서 초상화를 그리는 사람들, 테라스에 앉아 커피를 마시며 관광객을 구경하는 사람들, 잘 구워지는 크레페를 바라보는 사람들, 또 그 크레페를 노리는 참새 부부까지. 천천히 광장 한 바퀴를 돌며 적당히 음료 한 잔 마실 곳을 찾는 것도 좋겠다. 테르트르 광장을 다 보았다면 이제는 사크레쾨르 성당Basilique du Sacré-Coeur으로 걸어가자. 처음 도보여행을 시작한 물랭루주 거리와 새하얀 성당의 모습을 비교해 본다면 천사와 악마의 모습처럼 묘하게 대조되어 보인다. 사크레쾨르 성당은 1871년 프랑스-프로이센 전쟁에서 프랑스가 6만여 명의 사상자를 내며 패배하자 국민 모금을 통해 만들어졌다. 파리에서 가장 높은 지대에 있기 때문에 성당에서 바라보는 시내의 모습이 멋지다.

라팽 아질, 20세기 초 예술가들의 아지트로 지금도 공연이 열리고 있다.

라팽 아질 Lapin Agile
주소 22 Rue des Saules
전화 01 46 06 85 87
운영 화~일 21:00~01:00
요금 음료 포함 일반 28유로, 학생 20유로
홈페이지 www.au-lapin-agile.com

아직 도보여행은 끝난 게 아니다. 다시 테르트르 광장으로 돌아와 광장 뒤편으로 연결된 계단을 따라 내려가자. 계단 끝에서 Gabrielle 길로 걸어가면 49번지, 피카소가 살던 집이 나온다. 피카소는 1900년에 이곳에서 살았다. 조금 더 걸어가면 에밀 구도 광장Place Emile Goudeau이 나타나는데, 이곳에서 굳게 문을 닫은 바토 라부아르Le Bateau Lavoir, 세탁선이라는 뜻가 보인다. 바토 라부아르는 1890년부터 1900년대 초까지 마티스, 피카소 등 많은 화가들이 세 들어 살았으며 예술가들 사이에 교류가 활발했던 곳이다. 피카소가 이곳에서 〈아비뇽의 처녀들Les Demoiselles d'Avignon〉을 그렸기 때문에 큐비즘Cubisme의 탄생지라고도 말한다.

광장에서 내리막길을 따라 내려오면 멋진 아르누보 스타일의 아베스Abbesses역이 나온다. 메트로 옆에 있는 작은 공원에는 '사랑해 벽Le Mur des Je t'aime'이 있다. 세계 각국의 언어로 '사랑해'라는 말이 적혀 있는데 물론 한국어도 있다. '나는 당신을 사랑합니다', '사랑해' 등의 한글을 찾아보자. 개인적으로 몽마르트르와 가장 어울리는 로맨틱한 공간이라고 생각한다. 이렇게 몽마르트르를 돌아보고 나면 보물찾기 놀이는 아쉽지만 끝이 난다. 눈썰미가 있는 사람이라면 내가 언급한 것 이외에도 다양한 예술가들의 현대적인 그라피티 작품을 찾았을지도 모른다.

아 참! 만약 에밀 졸라와 드가를 좋아한다면 근처에 있는 몽마르트르 공동묘지Cimetière de Montmartre에 다녀오는 것도 좋겠다. 에밀 졸라의 묘는 현재 팡테옹으로 이장되었지만 에밀 졸라의 가족묘가 남아 있다.

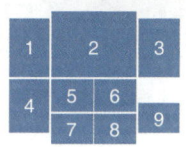

1. 테르트르 광장과 사크레쾨르 성당으로 가는 길 2. 세계 각국어로 쓰여진 '사랑해 벽' 3. 피카소가 1900년에 살았던 집 4. 몽마르트르 묘지에 있는 에밀 졸라의 묘 5. 바토 라부아르, 20세기 초 예술가들이 세 들어 살던 집 6. 몽마르트르의 화가들이 그린 그림 7. 에밀 졸라는 팡테옹으로 이장되었다. 8. 드가의 묘 9. 즉석에서 그림을 구입할 수 있다.

3. 천국과 지옥을 오가는 몽마르트르

몽마르트르에서는 현대적인 작가들의 작품도 볼 수 있다.

바로 거리의 예술가, **그라피티 아티스트**.

이들은 자신의 얼굴을 숨긴 채 아무도 보지 않는 곳에서 작업을 하고 사라진다.

가장 인기 있는 그라피티, 미스틱의 작품.
애인과 헤어진 다음 자신의 마음을 표현한 글과 그림으로 많은 인기를 얻고 있다.
미스틱의 그라피티는 가방 디자인에까지 사용되었다.

Graffiti

제롬 메나제의 그라피티

일반적으로 볼 수 있는 I♥NY의 반전. 전 세계 사람들에게 사랑을 받는 뉴욕이 나를 사랑한다면 나는 얼마나 사랑받는 존재일까? 단순하지만 재기가 넘치는 작품이다.

차고를 칠한 센스 있는 작품, 낮과 밤을 각국 언어로 써 놓았다.

착한 바이러스를 퍼뜨리는, 〈아멜리에〉

영화는 프랑스 특유의 통탕거리는 억양으로 숨가쁘게 시작된다.

"1973년 9월 3일 6시 28분 32초. 분당 14670회의 날갯짓을 하는 쇠파리가 몽마르트르의 거리에 앉았다. 같은 순간, 근처의 한 식당 테라스에선 바람결에 유리컵이 춤을 추고 있었고, 5번가 트루당 거리 아파트 5층에선 친구 장례에 다녀온 유진 콜레르가 친구의 이름을 수첩에서 지우고 있었다. 한편 라

#1 장 피에르 주네의 〈아멜리에〉 영화 포스터
#2 카페 레되물랭, 아멜리에가 웨이트리스로 일하던 곳이다. 주소_15 Rue Lepic
#3 실내의 모습, 현지 사람들이 대부분이지만 관광객들도 종종 찾는다.

파엘 폴랑의 X염색체 정자는 그 순간 아내인 아만다의 난자를 향해 돌진하고 있었다. 9개월 후 아멜리에 폴랑이 태어났다."

〈아멜리에〉는 뛰어난 상상력과 위트가 넘치는 프랑스 감독, 장 피에르 주네Jean-Pierre Jeunet가 만들었다. 원제는 〈아멜리에 폴랑의 기막힌 운명Le Fabuleux Destin D'Amelie Poulain〉으로 행복 바이러스를 마구 퍼뜨리는 아기자기하고 귀여운 영화다.

처음 이 영화를 보았을 때 느낀 행복감을 어떻게 설명해야 할까? 영화가 개봉된 지 어느새 15년도 넘었지만 아직도 전 세계 마니아들을 몽마르트르로 이끌고 있는 묘한 매력을 지닌 작품이다. 유독 프랑스 영화가 맥을 못 추는 한국에서도 이 영화만큼은 많은 인기를 얻었다.

아멜리에는 엄마를 잃고 아빠 밑에서 학교 교육 대신 가정 교육을 받으며 자랐다. 친구가 없어 주변의 사물들과 이야기하는 공상이 오랜 취미. 성인이 된 아멜리에는 몽마르트르의 카

#4 메종 콜리뇽(Maison Collignon), 여기가 바로 아멜리에가 살던 옆 건물 1층에 야채 상점이 있었고, 아멜리에는 이 상점의 주인을 혼내준다. 주소_56 Rue des Trois Frères
#5 아멜리에가 좋아하는 크렘 브륄레가 바로 이것!

3. 천국과 지옥을 오가는 몽마르트르   109

페 레되물랭Café des Deux Moulins에서 웨이트리스로 일하고 있다. 아멜리에게는 세 가지 소소한 즐거움이 있는데 첫 번째는 곡식자루에 손 넣기, 두 번째는 커다란 숟가락으로 크렘 브륄레Crème Brûlée를 톡 하고 깨뜨려 먹기, 세 번째가 생 마르탱 운하Canal Saint-Martin에서 물수제비뜨는 것이다.

아멜리에는 영국의 다이애나비가 죽던 날, 우연히 낡은 보물함을 발견하는데 그때 커다란 결심을 하게 된다. "이 보물함의 주인을 찾아 주자. 그리고 그 사람이 감동한다면 늘 좋은 일만 하며 살겠어." 하고 말이다.

우여곡절 끝에 보물함을 건네준 아멜리에는 보물함의 주인이 흘리는 행복한 눈물에 감동하고 만다. 그 후로 쾌걸 조로처럼 나쁜 사람에게는 벌을 주고, 주변 사람들을 행복하게 만들기 위해 갖가지 일을 꾸민다. 집 안에서 갇혀 지내던 아빠를 여행하게 하고, 눈먼 사람에게 세상을 들려주고, 남편에

#6 〈아멜리에〉의 영화 포스터
#7 메트로 12호선 Lamarck Caulaincourt역, 눈먼 할아버지를 돕고 나서 들어간 메트로

대한 사랑을 확인하게 해 준다. 그렇게 모든 사람이 행복해진 어느 날, 아멜리에는 갑자기 한없이 외로워지고 만다. 자신은 그렇지 않다는 것을 깨닫게 되었기 때문에…. 평생 동안 다른 사람들의 행복을 위해 살다 쓸쓸히 죽는 모습을 상상하고 슬퍼한다.

그렇게 우울함에 빠져 있을 때, 아베스Abbesses역에서 운명의 상대가 지나간다. 그 남자의 이름은 니노. 낮에는 귀신의 집에서 귀신 흉내를 내는 일을 하고 밤에는 몽마르트르 아래쪽에 있는 성인용품점에서 근무하는 사람이다. 친구가 없어 공상의 세계에 빠진 아멜리에와는 달리 니노는 어렸을 때 친구들에게 망신을 당해 괴로워하는 어린이였다. 그의 취미는 시멘트에 찍힌 발자국 수집, 이상하게 웃는 목소리 수집, 지금은 즉석사진기에 잘못 찍힌 사람들의 사진을 모으는 것. 아멜리에처럼 역시나 특이하다.

#8 메트로 12호선 Abbesses역, 운명의 남자 니노와 스쳐지나갔던 곳!
#9 니노의 취미는 즉석사진기에 버려진 사진을 스크랩하는 것이다.

3. 천국과 지옥을 오가는 몽마르트르   111

아멜리에는 북역에서 만난 니노를 뒤쫓다 그가 떨어뜨린 스크랩 앨범을 줍는다. 앨범 안은 잘못 찍어서 찢은 사진을 다시 조합해 붙인 사진으로 가득했다. 아멜리에는 사진첩을 미끼로 니노를 몽마르트르로 유인해 자신의 존재를 알린다. 그리고 둘은 사랑에 빠지고, 친구들에 이어 아멜리에까지 모두 행복해진다는 동화 같은 이야기.

작고 사소한 이야기를 어떻게 이렇게 풍부한 상상력으로 재미나게 표현했나 싶다. 천재 감독 장 피에르 주네와 깜찍한 아멜리에 역의 오드리 토투가 없었다면 아마도 불가능하지 않았을까?

주변 사람들을 행복하게 만들면 자신 역시 행복해진다는 진리를 알려 주며 착한 일하기와 행복 바이러스를 마구 전파하는 영화! 영화에 나온 몽마르트르 곳곳을 찾아보자. 행복을 전해 주기 위해 아멜리에가 어디선가 숨어서 지켜보고 있을지도 모른다.

#10 니노가 스크랩북을 떨어뜨리고 사라졌던 장소. 파리 북역과 동역으로 이어지는 길
#11 니노는 밤에는 몽마르트르 아래쪽에 있는 성인용품점에서 일했다.

#12 아멜리에는 생 마르탱 운하에서
물수제비뜨는 것을 좋아한다.

몽마르트르에서 만난
한국 남자

오랜만에 베트남 음식점을 찾았다. 주변에 비슷한 음식점이 몇 곳 더 있는데 유독 이곳만 사람들이 바글바글해 들르게 된 곳이다. 테이크아웃을 중심으로 하는 음식점인데 테이블이 있어 안에서 먹을 수도 있다. 좋아하는 메뉴인 보분Bo Bun, 베트남식 비빔국수을 시켜 자리에 앉았다. 길거리에 지나가는 사람들을 구경하며 밥을 먹는데 남자 세 명이 선글라스를 낀 채 가게 입구를 서성인다. 한국 사람인지 중국 사람인지 잘 모르겠다. 세 명 중 한 명이 내 앞쪽 테이블, 나와 마주 보는 쪽 의자에 앉더니 말을 걸기 시작했다.

"맛있어요?"

"아, 네. 한국분이시군요. 맛있어요."

음식을 찬찬히 살펴보는 모습이 분명 배가 고픈 것 같긴 한데 선뜻 음식을 시키지 못하고 계속 주변만 서성댄다. 왜 그러는 걸까?

"뭐가 맛있어요?"

"여기서 파는 음식은 베트남 음식이랑 중국 음식이에요. 다 먹어 보진 않았지만 두루두루 맛있어요. 한국인 입맛에도 잘 맞고요."

몽마르트르의 식당 May Fa

그러면서 내가 시킨 메뉴와 베트남 음식에 대해서도 간단히 소개해 줬다. 추천메뉴까지 알려 주면서 말이다.

"어떻게 시켜요?"

"진열대에서 음식을 보고 손가락으로 가리키면 돼요. 그럼 데워서 쟁반에 담아 줘요."

"가격은요?"

"저기 위에 적혀 있는데…."

세 명 중 용기 있는 남자가 자기는 배가 고프다며 알려 준 대로 음식을 주문하러 갔다. 나머지 사람들은 아직도 의심(?)이 안 풀리는지 음식을 시키지도 못하고 주문한 사람이 뭔가 낭패를 보지 않을까 지켜보기만 한다. 한 사람은 아예 밖에 서 있다.

"테이블 차지Table Charge는 없어요?"

"네? 테이블 차지요?"

테이크아웃 전문인 작은 음식점에서 테이블 차지를 묻다니…. 그게 무서워서 음식 주문을 못하고 있었던 건가? 하긴, 나도 이탈리아 같은 곳에서는 테이블 차지 때문에 예상보다 많은 돈을 지불한 적이 있다. 하지만 이 가게는 딱 봐도 테이크아웃 전문점이어서 그럴 만한 분위기가 정말 아닌데….

"없어요. 그냥 앉아서 먹으면 돼요. 저도 안 냈는걸요."

이렇게 말해도 믿지 못하는 눈치다.

"음료는 어떤 종류가 있어요?"

"탄산음료랑 물이 있네요. 저기 카운터에 가시면 뒤쪽에 냉장고가 있는데 어떤 음료가 있는지 자세히 볼 수 있어요."

"음료는 얼마예요?"

슬슬 짜증이 밀려오기 시작했다. 메뉴판에 다 적혀 있는데 읽어 보면 될 것을 왜 자꾸 나한테 묻는 걸까?

"맥주는 팔아요?"

"저기요. 저는 이곳에서 일하는 사람이 아니라 잘 모르는데요."

남자는 겸연쩍은지 일어나 카운터로 가서 맥주를 한 캔 사오더니 다시 자리에 앉았다.

"직업이 뭐예요? 회사 다녀요? 아니면 학생?"

"회사도 안 다니고 학생도 아닌데요."

"아, 그럼 산업예비군이구나. 그동안 세상을 공부하러 다니나 보네."

갑자기 반말을 하기 시작했다. 자기들은 회사에서 출장을 왔다가 겸사겸사 여행을 하고 있는 거란다. 그러면서 사회생활 선배로서 조언을 늘어놓기 시작했다. 세상은 넓으니 여행하면서 많이 배우고 돌아가란다.

　평화롭게 밥 잘 먹고 있던 내가, 왜 난데없이 이 남자에게 이런 말을 듣고 있어야 하는지 정말 어이가 없다. 잘 모르면 겸손하길 하던가, 그렇게 잘 아는 사람이 작은 식당에서 밥 한 그릇 주문할 용기조차 없어 굶고 있으면서…. 날 언제 봤다고 반말을 해대는 건가. 심지어 세상을 많이 배우라니 어이가 없다. 세상을 많이 배울 사람은 나보다 그 사람인 것 같은데 말이다. 밥맛이 떨어져 더 이상 이야기를 듣고 있을 수가 없었다. 여행 초행길인 것 같아 이런 저런 도움을 준 게 몽땅 후회가 될 정도다. 벌떡 일어나 "여행 잘하세요."라고 말하고 곧바로 가게를 나왔다.

　나도 아직 부족한 여행자지만, 지금껏 62여 개국을 여행하면서 만난 사람들 중에 이렇게 무례했던 사람들은 모두 한국 사람이었다. 내 피부색을 보자마자 인종차별을 하는 외국인을 만난 적은 있지만 같은 한국인이라고 사람을 부리며 무례하게 굴고, 묻지도 않고 반말을 시작한 사람은 없다. 나 역시 대한민국 사람이고 타국에서 만나는 동포에게 사심 없이 친절을 베풀 준비가 되어 있다. 그러나 이런 기본적인 예의도 없는 사람들에게 친절하고 싶은 마음은 털끝만큼도 없다.

　여행자는 누구나 평등하다. 그러니 여행 중 만나는 사람들에게 나이와 직업에 관계없이 예의와 겸손한 마음을 갖췄으면 좋겠다.

베트남식 비빔국수 보분

3. 천국과 지옥을 오가는 몽마르트르　　117

파리의 특별한
메트로 이야기

Culture

파리를 여행할 때 주로 사용하게 되는 교통수단은 단연 메트로다. 메트로는 파리 메트로Paris Métro 또는 메트로폴리탄Métropolitain이라고 부른다. 최초의 메트로는 1900년 파리 만국박람회 시기에 맞춰 1·2호선을 개통했다. 이후 여러 노선이 생기면서 1998년에 개통한 14호선과 분할 라인인 2개 노선을 포함해 총 16개의 노선이 되었다. 우리나라의 지하철은 1974년 1호선을 개통한 것을 시작으로 수도권에만 21개 노선이 운행 중이다.

메트로는 개통한 지 120여 년이 된 만큼 각 메트로 노선마다 세월의 흔적을 느낄 수 있다. 주요 노선 중에 역사적인 의미를 지닌 메트로역은 그 특징을 살려 내부를 꾸몄고, 가장 최근에 생긴 14호선은 무인지하철로 차장 없이 전자동으로 운행한다.

메트로 1·11호선 Hôtel de Ville(시청역)
파리 시청을 상징하는 문양과 파리 시의 주요 역사를
담은 광고물이 전시되어 있다.

'나쁜 놈'이라는 뜻의 Au Chieur.
지하철역에, 그것도 시청역에 이런 것도
포함할 수 있다는 것이 재미있다.

메트로 1호선 Louvre-Rivoli역. 루브르 박물관과 연결되는
메트로답게 박물관 분위기를 잘 보여주고 있다.

14호선은 무인지하철로 전자동으로 운행한다.
앞뒤 차장 운전석이 있던 곳은 통유리로 되어
있어 메트로가 달릴 때 속도감을 느낄 수 있다.

메트로 1호선 Tuileries역. 재기발랄한 느낌이다.

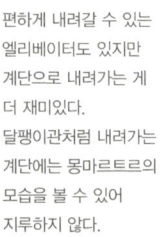

편하게 내려갈 수 있는
엘리베이터도 있지만
계단으로 내려가는 게
더 재미있다.
달팽이관처럼 내려가는
계단에는 몽마르트르의
모습을 볼 수 있어
지루하지 않다.

메트로 12호선 Abbesses역. 메트로 중 가장 깊다.

파리 메트로의 문을 여는 법은
다양하다. 오른쪽 손잡이를
올릴 것!

특색 있는 파리 시의 메트로

메트로 1·5·8호선 Bastille역
바스티유 습격사건과 프랑스혁명을 주제로 한 벽화를 볼 수 있다.

메트로 3·11호선 Arts et Métiers역
'예술과 공예'라는 뜻에 걸맞게 독특한 분위기의 메트로 내부

메트로 12호선 Assemblée Nationale역
딱딱한 국회가 있는 곳인데 화사한 분위기로 꾸며져 있다.

메트로 1·8·12호선 Concorde역

메트로 10호선 Cluny La Sorbonne역
소르본이 배출한 유명한 인물들의 사인이 메트로 상단에 모자이크로 꾸며져 있다.

3. 천국과 지옥을 오가는 몽마르트르

지하철에서 만난 다양한 파리지앵의 모습

바쁘게 걸어가는 파리지앵

히잡을 쓴 여성

메트로 내부의 모습.
우리나라의 지하철보다 좁다.

메트로에서 신문을 보는 노신사

메트로의 예술가

지하철의 광고

인도 춤 공연 포스터

H&M은 종종
유명 디자이너가
디자인한 옷을
한정 판매한다.

재치 넘치는 광고

센 강에서 열리는 록 콘서트!
쾌걸 조로 같은 모습을 한 여성 로커의
그림이 신선하다.

꽃미남 멕시코 가수의 파리 출현!

빵이 몹시 부드러워 먹지 않고 베고 잔다는
내용의 광고. 이 광고 때문에 정말 식빵을 샀다!

3. 천국과 지옥을 오가는 몽마르트르   123

얀의 초대

잠시 이상한 나라의 앨리스처럼 토끼를 따라
굴 속 다른 세계에 다녀온 느낌이다.
MEP에 초대해 줘서 고마워, 얀.

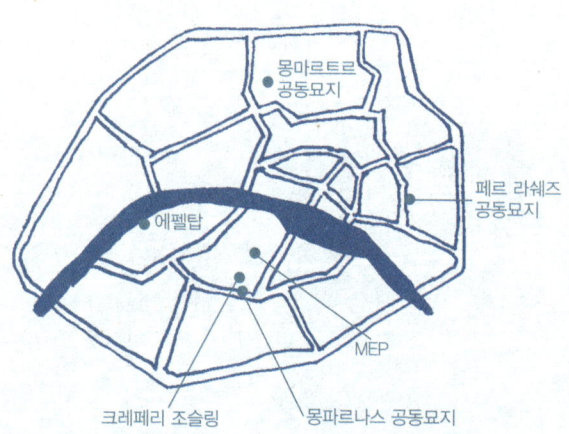

한국과 프랑스의 첫 인연,
파리 외방 전교회

카페에서 얀을 만났다. 그는 폴란드 바르샤바 여행 때 만난 프랑스인 친구다. 나는 시원한 레모네이드를, 얀은 따뜻한 차를 주문했다. 얀은 고향인 리옹에서 올라와 파리에서 공부를 하는 중이었다. 그런데 곧 공부를 정리하고 캄보디아로 떠날 거란다. 프랑스 생활을 완전히 접으려는지 가지고 있는 물건을 팔기 위해 이리저리 뛰어다니느라 바쁘다. 오늘은 컴퓨터를 팔았고 내일은 책을 팔러 가야 한단다. 오랜만에 만난 기념으로 내일 점심시간에 서프라이즈 초대를 하겠다며 숙소로 찾아오겠다는데 궁금해진다. 서프라이즈 초대 장소는 어딜까?

다음 날, 숙소로 마중 온 얀과 만나 메트로역에 내렸다. 얀은 시간이 늦었다며 걸음을 재촉한다. 커다란 쇠창살문을 열고 어두컴컴한 통로를 지나는데, 문득 이대로 따라가도 되나 싶게 길이 무섭다. 뭐라 말할 짬도 없이 어두운 건물의 계단을 따라 올라갔다. '끼이익~' 문을 열자 낡았지만 천장이 높은 실내가 나타났는데 사람들 수십 명이 테이블에 앉아 있다. 테이블 위에는 빵과 와인, 샐러드 그릇이 놓여 있고 웅성거리는 대화 소리로 바쁘다. '도대체 여기가 어디지?'

이날의 점심은 고기와 감자, 신선한 샐러드

함께 식사를 했던 얀의 친구들

낯선 장소에, 낯선 사람들 사이에 갑자기 뚝 떨어진 느낌이다. 'Reserved'라고 표시한 자리에 앉기는 했는데 어안이 벙벙. 얀이 같은 테이블에 앉은 사람들에게 나를 소개한다.

"이 친구는 한국에서 온 정은이야."

같은 테이블에 앉은 사람들이 인사를 하며 자기소개를 한다. 나도 인사를 했다.

"안녕하세요. 저는 얀의 친구고 프랑스를 여행 중이에요."

저편에 보이는 커다란 십자가, 다른 테이블에는 신부님 복장을 한 사람들도 보이고…. 분명 종교적인 장소인 것 같은데 주변을 아무리 둘러봐도 여자는 나 혼자다. 너무 어색해서 얀의 어깨를 툭툭 치며 물었다.

"얀, 도대체 여기가 어디야?"

"여기가 내가 공부하고 있는 곳이야. MEP, Missions Étrangères de Paris…."

생소한 이름이라 잘 모르겠다. 에라, 모르겠다. 배가 고프니 일단 밥이나 먹고 보자. 유쾌한 시간이 시작되었다. 내 앞에 마주 앉은 친구는 이곳에서 공부하는 동안 살이 엄청 쪘다며 고민을 털어놓는다. 여기 음식이 살을 찌우게 한단다. 그러면서 감자튀김을 다시 한가득 접시에 담는다. 또 다른 친구는 이곳 와인은 그저 그렇지만 자기가 나고 자란 부르고뉴 지방의 와인은 최고라며 꼭 가 보라고 조언한다. 모두 내 이미지 속 근엄한 종교인들의 모습과는 달라도 한참 다르다.

순식간에 깨끗하게 정리된 식당

식사가 끝나자 함께 식탁을 치우기 시작했다. 누군가는 접시를 가져다 놓고, 누군가는 남은 음식을 모으고, 얀은 스펀지에 물을 적셔 오더니 식탁을 닦고 정리한다. 순식간에 식당은 깔끔히 정리되고 학생과 선생님들은 우르르 어딘가로 나간다. 사람들을 따라 이동한 곳은 차를 마시는 곳이다. 식당에서는 몰랐는데 여러 인종이 모여 있다. 세계 여러 나라에서 공부하러 온 사람들이란다. 모두 차를 마시며 또다시 이야기꽃을 피운다. 내 머릿속은 온통 소개받은 사람들 이름으로 어질어질하다. 한쪽 벽에는 서로 얼굴을 익힐 수 있게 사진과 이름이 붙어 있고, 코믹하게 찍은 얀의 사진도 있어 웃음이 났다.

차를 마신 후 대부분의 사람들은 요즘 시험 기간이라며 공부하러 올라갔다. 얀과 나는 소화를 시키기 위해 정원을 산책했다. 정원에서는 한국에서 건너온 기념비를 볼 수 있었다. '도대체 여기가 어딜까?' 얀은 선생님을 만나야 한다고 잠시 교수실에 들렀다. 그런데 '올리비에'라는 이 선생님, 놀랍게도 몇십 년을 한국에서 사셨고 한국어도 매우 잘하신다. 이곳의 정확한 명칭과 활동이 궁금했는데 한국어로 쉽게 설명해 주셨다.

이곳의 공식 명칭은 '파리 외방 전교회'다. 주로 아시아 지역 선교를 목적으로 1658년 로마 교황청이 프랑스 선교사들을 중심으로 창설한 단체다. 다른 선교 단체들과 차이점이 있다면, 이곳 선교사들은 일정한 포교 지역에 종신토록 머무르며 그곳의 언어와 풍습을 배워 포교 활동을 한다는 점이다. 우리나라와도 인연이 매우 깊은 곳이다. 1831년 최초로 천주교 조선교구를 설립할 때 선교사를 파견한 곳이기 때문이다. 우리에게 익숙한 이름인 '앵베르Imbert 주교'도 이곳에서 파견한 분이고, 우리나라 최초의 사제 김대건 신부가 이곳에서 탄생했다. 비록 기해박해(1839), 병오박해(1846), 병인박해(1866) 때 많은 선교사들이 순교하거나 도피하는 수난을 겪었지만 말이다. 1887년 한불조약으로 천주교가 인정을 받을 때까지 박해는 계속되었다. 아직도 우리나라에 본부를 두고 있고, 많은 한국 신부님들이 이곳으로 공부를 하러 간다. 선생님 방에는 학생들이 쓴 논문(?)처럼 보이는 것이 책장에 차곡차곡 꽂혀 있었는데, 한국어도 눈에 띈다. 파리에 이런 곳이 있었다니 신기하기만 하다.

얀은 아시아 친구들의 보물창고를 보여 줬다. 위 칸은 동남아, 아래 칸은 한국. 고추장과 간장이 보인다.

얀은 마지막으로 들를 곳이 있다며 작은 박물관으로 나를 안내했다. 박물관에는 선교사들을 파견한 아시아 각국의 자료들이 있다. 순교한 선교사들의 사진과 이름, 김대건 신부의 유품도 전시하고 있다. 박물관을 다 둘러보고 나니 얀은 이제 책을 팔러 가야 할 시간이라며 미안해한다. 며칠 뒤에 출국이라는데 이렇게 짬을 낸 것만도 고맙다.

내 친구 얀.
얀의 방문 색깔과
입고 있는 셔츠 색깔이 똑같다.

다 정리하고 텅텅 빈 책장.
새해에 보내 줬던 카드가 예쁘게 전시되어 있다.

    얀과 인사를 하고 밖으로 나왔더니 눈앞에 봉 마르쉐Bon Marché 백화점과 번화한 거리가 나타났다. 뒤를 돌아보니 외방 전교회의 문이 보이긴 하는데 번지수를 확인하지 않는다면 이곳이 외방 전교회인지 아닌지 도무지 찾을 길이 없겠다. 백화점이 위치한 번화한 길에 이런 곳이 있으리라고 누가 짐작이나 했을까. 잠시 이상한 나라의 앨리스처럼 토끼를 따라 굴 속 다른 세계에 다녀온 느낌이다.

    MEP에 초대해 줘서 고마워, 얀.

파리 외방 전교회
MEP(Missions Étrangères de Paris)
주소 128 Rue du Bac
홈페이지 www.mepasie.org
가는 방법 메트로 10·12호선 Sèvres–Babylone역, 봉 마르쉐 맞은편

파리 외방 전교회 건물

선생님의 방에서 본 한국 학생들의 논문(?)

파리 외방 전교회 건물의 박물관

파리 외방 전교회의 정원. 사유지 정원 중에서는 제일 크다고 한다. 저편에 에펠탑과 앵발리드가 보인다.

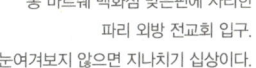

봉 마르쉐 백화점 맞은편에 자리한
파리 외방 전교회 입구.
눈여겨보지 않으면 지나치기 십상이다.

김대건 신부와 관련된 물품들

순교한 사람들의 이름이 빼곡히 적혀 있다.

4. 얀의 초대 135

심장을 들었다 놓은
벨리브 사건

　　벨리브를 타고 가다가 에펠탑 근처에 있는 정류장에 반납했다. 주변을 돌아본 후 메트로를 타고 리옹역에 갔다. 볼일을 마치고 다시 벨리브를 타려는데 이런 메시지가 뜬다.

　'아직 자전거를 반납하지 않았습니다.'

　　헉. 이건 무슨 일이지? 곰곰이 생각해 봤더니 아무래도 에펠탑 근처에 있는 정류장에서 뭔가 잘못된 것 같다. 벨리브를 반납할 때는 거치대에 자전거를 삐~ 소리가 나게 꽂아야 한다. 아니면 사용 중인 것으로 나온다. 혹시나 반납이 제대로 되지 않은 자전거를 누군가 발견해 가져갔다면 문제는 더 복잡해진다. 벨리브를 대여할 때 신용카드로 디포짓한 150유로가 고스란히 빠져나갈 테니 말이다. 심장은 두근대고 제발 그런 나쁜 일이 벌어지지 않기를 기도했다. '제발 누군가 가져가지 않기를….' 메트로를 타고 에펠탑 쪽으로 향했다.

　　벨리브 정류장에 눈썹이 휘날리도록 뛰어갔다. 도착하고 보니 수많은 자전거 중에 내가 탔던 게 뭔지 모르겠다. 다 비슷비슷해 보이고…. 13번이었던 것 같은데 찾아보니 제대로 꽂혀 있다. 안되겠다. 벨리브 대여기에 비상 전화하는 곳이 있던데 전화를 걸어 문의해 봐야겠다. 전화를 건다. 신호음이 수십 번 울리는데도 도무지 받지 않는다. 마음은 점점 초조해지고 앞이 캄캄해진다.

평화와 에펠탑

어떤 프랑스 아주머니가 내 뒤에서 순서를 기다리기에 아무래도 시간이 꽤 걸릴 것 같으니 반대편 쪽을 이용하라고 말했다. 아주머니가 반대편으로 향하는 순간, 드디어 안내원이 전화를 받았다. 그런데 이런! 프랑스어다! 어떡하지? 영어를 할 줄 아냐고 물었더니 자기는 영어를 못한단다. 제발 알아듣기를 바라며 최대한 쉬운 영어로 설명하고 있는데, 뒤쪽으로 돌아갔던 아주머니가 "May I help you?" 하고 구원의 손길을 내밀었다.

'오, 마이 갓. 감사합니다! 감사합니다!' 아주머니에게 자초지종을 설명하고 통역을 부탁드렸다. 프랑스어 특유의 콩당대는 대화가 오고 가고, 아주머니는 가방에서 안경까지 꺼내 쓰며 해결 방안을 찾기 위해 열심히 노력하신다. 이윽고 대화가 끝나고 희망의 빛을 기다리던 내게 말씀하셨다.

"죄송해요. 당신이 사용한 벨리브를 찾을 수가 없대요. 어쩌죠?"

하늘이 무너져 내린다.

"제가 반납한 자전거 거치대의 번호라도 알면 좋을 텐데…. 그걸 알 수 있는 방법은 없을까요?"

"안타깝게도 방법이 없다네요. 확실한 것은 당신의 자전거가 대여된 후에 아직 반납되지 않았다는 것뿐이에요. 도움이 되지 못해서 미안해요. 번호는 기억나지 않나요?"

"네, 제 기억으로는 13번에 반납했는데 그 자전거는 잘 꽂혀 있어요. 그러니 누군가 가져간 게 아닌가 싶어요."

아~ 입에서는 탄식이 새어 나오고 자전거를 반납할 때 제대로 체크하지 않은 내가 원망스럽기만 하다. '정말 누군가 내 자전거를 가져가 버렸나 봐! 어떡하지?' 절망에 빠져 있는데 아주머니가 자전거 거치대 쪽으로 향한다. 1번부터 하나하나 잡아당겨 보며 빠지는 것이 있는지 확인하기 시작했다. 2번, 3번, 4번…. 그러다 27번째 자전거를 잡아당기자 쑥~ 빠진다.

"왈라~ 당신의 자전거를 찾았어요!"

파리 리옹역

　자전거를 다시 거치대로 밀어 넣으니 삐리리~ 소리와 함께 제대로 꽂혔고, 대여기에서 확인을 해 보니 반납되었다는 표시가 나왔다. 세상에! 그때 느낀 기쁨은 이루 말할 수가 없다. 얼마나 감사하던지 90도 배꼽인사로 몇 번이나 고개를 숙여 인사했다.

　"감사합니다! 감사합니다! 정말 큰일 날 뻔 했어요. 디포짓이 무려 150유로였거든요."

　작은 선물이라도 드리고 싶어 가방 구석구석을 뒤졌다. 늘 가지고 다니던 선물용 휴대폰 고리도 떨어졌는지 보이지 않는다. 그래서 한국으로 돌아가 선물을 보내고 싶으니 이름과 주소를 적어 달라고 했더니 손사래를 친다.

　"괜찮아요. 저는 영국에서 조금 살았는데 영어를 할 수 있어 다행이에요. 당신을 도와줄 수 있었으니 말이죠(프랑스 사람들은 대부분 영어를 잘 못한다)."

가만 생각해 보니 처음으로 프랑스 배낭여행을 할 때도 파리에서 비슷한 느낌을 주는 사람을 만난 적이 있다. 그날은 아무런 목적 없이 그냥 걷고 있었다. 갈림길이 나오기에 어디로 갈까 망설이고 있는데 저편에서 프랑스 여자 한 명이 씩씩하게 걸어온다. 양손에는 짐을 가득 들어 무거울 텐데도 걸음은 경쾌하기 그지없다. 그렇게 내 앞까지 오더니 갑자기 양손에 든 짐을 탁~ 하고 바닥에 내려놓는다.

"May I help you?"

얼굴에는 밝은 미소가 가득하다.

나는 당황하고 말았다. '도와줄 일은 없는데…. 어디를 정해서 가고 있는 것이 아닌데 어쩌지?'

반짝이는 눈빛으로 나를 바라보는 이 프랑스 여인의 기대를 꺾고 싶지 않았다. 얼떨결에 지도를 꺼내 아무 데나 한 곳을 콕 집었다.

"저… 여길 가려고 하는데요."

여인은 종달새 같은 목소리로 가는 방법을 알려 줬고, 나는 감사하다고 인사를 했다.

"Welcome to Paris! Have a good trip!"

다시 무거운 짐을 양손에 들더니 씩씩하게 저편으로 사라지던 여인.

그녀는 알까? 덕분에 파리가 이 세상에서 내가 가장 좋아하는 도시가 되었다는 것을…. 파리가 점점 삭막해지고 있어 안타까웠는데 오랜만에 천사 같은 파리지앵을 또 한 번 만났다. 파리에 대한 사랑이 다시 퐁퐁 샘솟는다.

나는 파리가 정말 좋다.

고마워요, 파리지앵!

파리의 공동묘지

　산 사람과 죽은 사람은 같은 공간에 있으면 안 된다고 해서 우리나라의 공동묘지는 주로 도시 외곽에 있다. 유럽의 경우 로마 시대 때는 외곽에 있었지만, 이후에는 시내로 들어오게 되었다. 주로 마을이나 도시의 성당 안에 묘지가 있었다. 그러다가 시간이 흘러 성당의 묘지가 포화 상태가 되면서 대규모 공동묘지가 만들어지게 되었다.

　우리나라의 귀신이나 서양의 유령이나 사람들이 두려워하긴 마찬가지인데 우리나라와 달리 도시 안에 공동묘지를 둔 이유는 무엇일까? 호기심에 이곳저곳 자료를 찾아보았지만 속 시원한 답을 얻지 못했다. 문화 차이겠지만 우리나라와는 참 다르다. 유교나 풍수지리 때문에 그런 것일까? 우리나라에서 성묘는 설날이나 한식, 추석 같은 날에 길고 긴 정체구간을 뚫고 가야 하는 힘든 길이다. 물론 그 길에서 효의 의미를 되새기며 수양을 쌓을 수도 있겠다. 하지만 파리처럼 도시 안에 묘지가 있다면 조상들을 보다 가까이 모실 수 있고 또 찾아가는 데 부담이 없어 좋겠다는 생각이 들었다.

몽파르나스 공동묘지

파리에는 크고 작은 공동묘지가 19곳 있다. 그중에 세 곳이 유명한데 페르 라쉐즈와 몽마르트르 그리고 몽파르나스 공동묘지다. 페르 라쉐즈 공동묘지 Cimetière du Père Lachaise는 1804년에 만든 최초의 정원식 묘지로 세계에서 가장 크고 유명한 공동묘지다. 호젓하게 산책을 할 수 있는 분위기로 어떤 이들은 명상을 하기 위해 찾기도 한다. 또 이곳에는 묘지투어가 있다.

우리나라 여행자들에게 '공동묘지투어'라고 하면 담력을 키우는 으스스한 '귀신투어(?)'라고 생각할 수도 있겠다. 하지만 공동묘지투어는 세계적으로 유명한 인사들의 묘를 안내하고 설명하기 위해 만든 투어다. 물론 혼자서 묘지를 찾는 것도 좋다.

대신 규모가 매우 넓기 때문에 묘지 관리센터로 가서 지도를 받아야 유명 인사들의 묘를 쉽게(?) 찾을 수 있다. 페르 라쉐즈에서 가장 인기 있는 묘는 오스카 와일드 Oscar Wilde, 1854~1900의 묘다. 조각상도 특이하지만 팬들이 진하게 남긴 키스 자국이 인상적이다. 파리 시에서는 묘를 훼손하지 말라고 열심히 당부하지만 팬들의 사랑은 막무가내다. 죽은 후에도 남녀 가릴 것 없이(그는 동성애자였다) 이렇게 많은 사랑을 받는 오스카 와일드가 부럽기도 하다.

그 다음으로 유명한 묘는 에디트 피아프 Édith Giovanna Gassion, 1915~1963와 짐 모리슨 James Douglas Morrison, 1943~1971의 묘다. 이곳 역시 항상 꽃과 사람들로 북적이는 곳이다. 에디트 피아프의 묘 앞에서 '라 비앙 로즈 La Vie en Rose, 장밋빛 인생' 같은 그녀의 음악을 들어 보는 것도 낭만적이겠다. 조금 떨어진 짐 모리슨의 묘에는 당시 어떤 문제가 있었는지 접근 금지 차단막이 쳐져 있고 경찰 두 명이 감시하고 있었다.

이외에도 쇼팽 Chopin, 모딜리아니 Amedeo Modigliani, 알퐁스 도데 Alphonse Daudet, 이사도라 덩컨 Isadora Duncan, 마리아 칼라스 Maria Anna Sophie Cecilia Kalogeropoulos 등의 묘가 있다. 또 한 군데 페르 라쉐즈에서 소개하고 싶은 특별한 곳이 있다.

키스 자국으로 가득한
오스카 와일드의 묘

파리 코뮌 병사의 벽

에디트 피아프의 가족묘

짐 모리슨의 묘.
가까이 갈 수 없게 막아 놓았다.

페르 라쉐즈 공동묘지 입구

    1871년 파리 코뮌 때 코뮌파 국민병들이 이곳에서 총살당했는데 그 자리에 기념비가 있다. 총살당한 벽을 '파리 코뮌 병사의 벽'이라 부르는데 묘지의 남동쪽 끝에 있다. 근처에는 나치에게 희생당한 수만 명의 프랑스 유대인을 기리는 조형물이 세워져 있는데 당시의 참상을 그대로 느낄 수 있다.

두 번째로 몽마르트르 공동묘지Cimetière de Montmartre는 18세기 말 파리 북쪽에 조성한 공동묘지로 페르 라쉐즈 공동묘지와 함께 파리에서 가장 인기 있는 묘지다. 에밀 졸라의 가족묘(에밀 졸라는 이곳에 있다가 팡테옹으로 옮겨졌다), 드가, 스탕달 등의 묘를 볼 수 있다.

마지막으로 몽파르나스 공동묘지Cimetière de Montparnasse는 1824년 파리 시의 남쪽 묘지로 만들어졌다. 사르트르Jean-Paul Sartre와 보부아르Simone de Beauvoir, 드레퓌스Alfred Dreyfus, 모파상Guy de Maupassant 등의 묘를 볼 수 있다.

그중에 드레퓌스의 묘를 찾았을 때 묘 위에 작은 조약돌들이 가득 놓여 있는 것을 보았다. 드레퓌스는 1894년 '드레퓌스 사건'으로 억울하게 간첩 혐의를 쓰게 되어 종신형을 받았다. 이 사건은 에밀 졸라의 '나는 고발한다'를 필두로 프랑스 지식인 사회에 큰 파장을 일으켰고, 드레퓌스는 1906년이 되어서야 모든 혐의를 벗고 복권되었다. 묘지 위에 가득한 조약돌들이 그를 지지한 사람들의 단단한 마음을 표현하는 것 같아 두고두고 기억에 남는다.

공동묘지는 사람의 마음을 차분하게 해 준다. 누구나 연약한 아기로 태어나 결국 한 줌의 먼지로 돌아간다는 진리를 보여 주는 곳. 아무리 세상을 다 가진 사람이라도 결국 언젠가는 죽고, 무無로 돌아간다는 사실을 일깨워 주는 곳이다. 그리고 누군가를 그리워하고 기리는 사람들이 이곳을 찾는다.

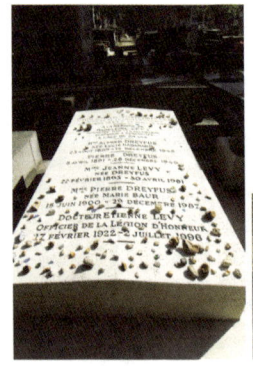

좌_드레퓌스의 묘
우_사르트르와 그의 부인 보부아르의 묘

몽파르나스 공동묘지

파리의 3대 공동묘지

복잡한 공동묘지에서 유명인들의 묘지를 찾으려면 정문 안내소에서 무료 지도를 받는 것이 좋다.

페르 라쉐즈 공동묘지 Cimetière du Père Lachaise
주소 16 Rue du Repos
가는 방법 메트로 2·3호선 Père Lachaise역으로 나오면 꽃집 옆에 묘지로 연결되는 작은 문이 보인다. 정문으로 가려면 묘지 벽을 따라 직진하면 된다.

몽마르트르 공동묘지 Cimetière de Montmartre
주소 20 Ave Rachel
가는 방법 메트로 2호선 Blanche역에 내려 물랭루주 방향으로 직진하다 보면 오른쪽에 Avenue Rachel이 보이는데 그 길 끝에 정문이 있다.

몽파르나스 공동묘지 Cimetière de Montparnasse
주소 3 Blvd Edgar Quinet
가는 방법 메트로 6호선 Edgar Quinet역에 내려 Edgar Quinet 길을 따라 Blvd Raspail 쪽으로 50m 걸어가면 정문이 있다.

크레페리 조슬링의
크레페와 시드르

몽파르나스 공동묘지를 둘러보고 근처에 크레페 거리가 있다고 해서 찾아갔다. 그중에서도 가장 맛있기로 유명한 곳이 크레페리 조슬링Crêperie Josselin이란다. 가게를 찾은 때는 저녁 먹기엔 조금 이른 시간, 자리가 텅텅 비었다. 자리 안내를 받고 메뉴판을 봤다. 토핑에 따라 종류가 다양한 크레페가 있다.

크레페Crêpe는 프랑스 북서부의 브르타뉴Bretagne 지방이 고향으로, 크게 두 가지 종류가 있다. 먼저 한국에 잘 알려져 있는 것으로 촉촉하게 구운 둥글넓적한 밀전병에 생크림, 잼, 초콜릿, 버터, 바나나, 딸기 등을 넣은 후식용 크레페.

다음은 메밀가루를 이용해 만든 전병에 치즈, 베이컨, 버섯, 계란 등을 넣은 식사용 크레페갈레트(Galette)라고 부름가 있다. 길거리에서 흔히 볼 수 있는 크레페는 주로 후식이나 간식용 크레페고, 식당에서는 두 가지 종류의 크레페를 모두 판매한다. 크레페를 파는 곳을 크레페리Crêperie라고 부른다.

크레페리 조슬링 입구

4. 안의 초대

식사용 크레페를 먹다 보면 입이 마르고 짠맛이 나기 때문에 음료 선택이 중요하다. 그래서 추천하는 것이 바로 크레페와 찰떡궁합인 시드르Cidre! 달콤하면서 시원한 맛이 나는 사과주로 크레페와 최고 궁합을 이루는 음료다. 알코올 도수가 3~5%쯤 되는데 달콤하다고 홀짝홀짝 마시다 보면 취한다.

나는 계란과 치즈를 넣은 크레페와 시드르를 주문했다. 시드르가 먼저 나와 맛을 봤다. 상큼한 사과 향과 혀를 톡 쏘는 맛이 걷느라 지친 몸과 마음을 번쩍 뜨이게 한다. 잠시 뒤, 바삭한 크레페가 나왔다. '으흠~ 바삭바삭~ 이건 정말 맛있어 보이는 크레페인걸?'

나이프로 조금 잘라 먹어 보니 짭조름하고 바삭한 것이 정말 맛있다. 지금까지 먹은 크레페들은 모두 가짜였구나 싶다. 시드르도 꼴딱꼴딱 잘 넘어간다. 앞쪽에 앉은 아저씨는 벌써 두 개째 주문을 한다. 알코올 때문에 얼굴에 열이 오르기 시작해 시드르 마시기를 중단했지만, 정말 궁합이 잘 맞는 음식이다. 이렇게 맛난 음식을 먹고 기분은 알딸딸~ 이런 게 바로 행복이로구나.

인도의 도사

프랑스의 크레페와 인도의 도사 남인도에는 '도사Dosa'라고 부르는 음식이 있다. 주로 아침 식사로 먹는데 크레페와 비슷하게 생겼다. 주재료는 쌀가루로 이것을 물에 개어 얇고 둥글넓적하게 편 다음 달궈진 팬에 바삭하게 구워 낸다. 그대로 먹으면 '플레인 도사Plain Dosa', 안에 감자와 마살라 향신료 등을 넣으면 '마살라 도사Masala Dosa'라고 부른다. 계란이나 양파 등을 넣어 소를 만들기도 한다. 북인도에서는 어린이들이 정말 좋아하는 간식이다.
밀가루나 메밀가루를 사용하는 프랑스의 크레페와 쌀가루를 사용하는 인도의 도사는 재료는 다르지만 바삭한 느낌의 식감은 비슷하다. 그래서 크레페와 도사가 비슷하다고 느꼈는데, 우연히 주방을 보니 크레페를 만드는 사람 열 명 중 일고여덟이 인도 사람이다(파리여행을 한다면 한번 눈여겨보도록 하자). 바삭한 식감의 크레페라면 인도인들을 따라갈 사람은 없을 테니 고개가 끄덕여진다.
세계에는 비슷비슷한 음식이 많다. 이렇게 멀리 떨어진 곳에서 비슷한 음식을 만날 때마다 세계는 연결되어 있고 세상 사람들의 입맛 또한 비슷하다는 생각이 든다.

크레페리 조슬링의 내부

크레페

사과주인 시드르

4. 얀의 초대   151

로맨틱 파리

사랑하는 사람과 함께라면 그 어떤
곳이라도 낭만적인 장소로 변신한다.
그런데 그 장소가 파리라면 어떨까?
세계에서 로맨틱이라면 첫손가락에
꼽히는 파리라면 말이다.

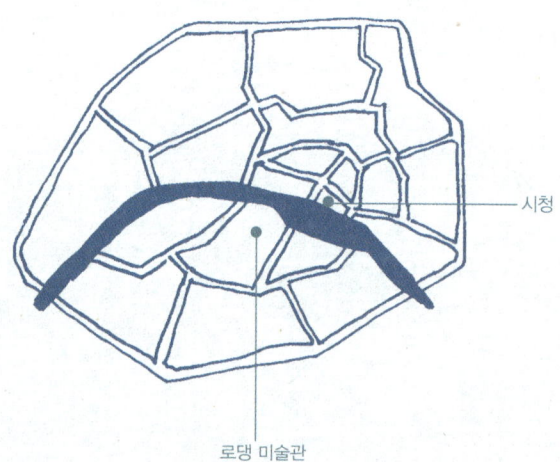

메트로의
연주자들

　　나는 구불구불 이어진 메트로의 환승통로를 걷고 있었다. 하루 종일 걸어 다녔더니 기운이 쏙 빠져 얼른 숙소로 돌아가 쉬어야겠다는 생각만 간절했다. 그때, 어디선가 음악 소리가 들려왔다. 통로 가득 울리는 경쾌한 재즈 피아노 소리. 머릿속 Off 상태 스위치가 On으로 바뀌면서 아드레날린이 다시 칙칙폭폭 분비되기 시작했다. 이토록 맑고 신나는 음악을 연주하는 연주자는 어떤 사람일까? 궁금한 마음에 나도 모르게 발걸음은 빨라졌다.

　　음악 소리가 점점 커지는 곳으로 무작정 따라가니 연주자가 보였다. 그때는 가을이었는데 연주자는 지하철 안이 추웠는지 두꺼운 스웨터를 입고, 목에는 오렌지색 머플러를 두르고 있었다. 비니를 쓴 아저씨는 신나게 연주를 하고 있었다. 몇몇 사람들은 연주자에게 다가가 말을 건다. 아저씨는 연주를 하면서 또는 잠시 연주를 중단하며 사람들과 대화를 하고 있었는데 신기했던 건 말을 하면서도 손가락은 피아노 위에서 쉴 새 없이 움직이고 있었다.

　　"당신의 피아노 연주는 정말 에너지가 넘쳐흘러요. 고마워요!" 하고 감사를 표하고 싶은데 내가 할 수 있는 프랑스어는 '감사합니다', '안녕하세요', '죄송합니다'뿐. 입이 간질간질했지만 어쩔 수 없이 꿀 먹은 벙어리가 되었다. 연주가 끝났을 때 팁 박스에 동전을 넣고 돌아섰다.

메트로에서 만난 재즈 피아노 연주자

마침 그 시간은 파리지앵들에게는 퇴근 시간이었다. 다들 하루 종일 업무에 바빴을 테고 얼른 집으로 돌아가고 싶을 시간. 메트로 안에서 파리지앵의 표정은 그리 밝지 않다. 우리나라처럼 말이다. 하지만 지하철을 기다리며 연주자의 에너지 가득한 피아노 소리 덕분에 기분이 좋아졌을 것이다. 나처럼 행복해졌을 것이다.

파리의 메트로 연주자는 아무나 할 수 있는 게 아니다. 반년에 한 번씩 오디션을 거쳐 연주자를 뽑고, '메트로 예술가' 자격증을 받아야 한다. 그리고 연주할 장소도 정해져 있다. 그곳은 주로 환승통로다. 물론 우리나라의 지하철에서 상인들이 불쑥 들어와 물건을 파는 것처럼 종종 많은 연주자들이 메트로 안으로 들어와 연주를 하기도 한다. 이들은 합법적으로 등록된 사람들이 아니다. 연주 실력도 천차만별.

뛰어난 공연으로 사람들에게 박수를 받는 연주자도 있지만, 그렇지 않은 사람도 있다. 전에 한번은 앰프까지 들고 들어와 노래를 부르는 가수를 봤는데 메트로에 탄 사람들에게 웃음세례를 받고 말았다. 겸연쩍었는지 다음 역에서 얼른 내리는 모습에 나까지 민망했을 정도였다.

하지만 환승통로에서 만날 수 있는 연주자들은 꽤 괜찮은 연주 실력을 자랑한다. 예전에 어느 통로에선가 가야금과 비슷한 소리를 듣고 쫓아간 적이 있었다. 동양인 연주자여서 한국 사람인가? 했는데 그 여자는 파리에서 공부하는 일본인 대학생이었다. 가야금과 비슷한 악기를 연주하며 내게 비슷한 악기들의 차이에 대해 말해 주기도 했다.

메트로 안의 무표정한 사람들.
한국의 지하철과 별반 다르지 않다.

사람들의 웃음세례를
받았던 가수들.
그들이 불렀던 노래는
이집트에서 히트한
'하비비(꿀물)' 송이다.

"내 노래를 들려줄게."

메트로에서 만난 일본인 연주자.
가야금과 비슷하게 생겼다.

아코디언 연주자

이렇게 파리의 연주자들은 메트로 곳곳에서 소박한 공연을 벌이고 있다. 자신의 연주 실력을 키우면서 사람들이 놓고 가는 동전으로 돈을 벌고, 또 음악 CD를 판매하기도 한다. 듣는 사람들과 소통하며 서로 예술적 감각을 키워 가는 것이다.

내가 유럽을, 또 파리를 좋아하는 가장 큰 이유 중 하나가 바로 예술의 생활화 때문이다. 특히 미술관이나 박물관을 가면 장기 무직자들은 무료입장 혜택이 있다. 호주머니가 얇은 학생들이나 시민들에게 단돈 몇 유로에 세계적인 공연을 즐길 기회도 준다. 단, 안 좋은 좌석이나 서서 들어야 한다는 단점이 있지만… 돈을 가진 사람들만이 더 다양한 문화생활을 즐기는 것이 아니라 모든 사람들에게 양질의 예술을 즐길 수 있는 기회를 준다는 것. 그런 점에서 파리의 메트로 예술가들이 좋다. 만약 파리를 방문한다면 메트로 곳곳에 숨어 있는 보석 같은 연주자들을 찾아보도록 하자. 아름다운 음악을 들려주는 사람들이 참으로 많다.

시청 앞에서의
키스

　로베르 드와노Robert Doisneau의 〈시청 앞에서의 키스Le Baiser de l'Hôtel de Ville〉는 파리에 대한 로맨틱한 환상을 가득 채워 주는 사진이다. 나는 이 사진을 중학교 때 처음 만났다. 그때 받은 인상이 어찌나 강렬했던지 '파리' 하면 항상 이 사진이 떠오를 정도였다.

　해마다 새 교과서를 쌀 때면 투명한 비닐 안에 끼워 넣고 나중에 연애를 하면 꼭 이렇게 낭만적인 키스를 해 보리라 다짐하곤 했다. 한번은 친한 친구들과 키득대며 사진 속 자세를 연습해 본 적이 있었는데 생각보다 꽤 어렵다는 것을 알게 됐다.

　여자의 무게중심이 뒤쪽으로 넘어가 있고, 남자가 여자의 어깨를 감싸며 그 무게를 지탱해 줘야 하는데 아무나 취할 수 없는 고난도의 자세였으니 말이다. 여자의 몸무게가 좀 나가거나 남자가 힘이 없으면 뒤로 휙 넘어질 수밖에 없다. 그때 남자 역할을 하던 내 여자 친구 역시 뒤로 넘어지고 말았다. 그렇다, 내 몸무게 때문이었다.

　이 사진 속 커플 역시 많은 화제가 됐다. 미스터리로 남아 있던 이들의 존재는 1993년이 되어서야 알려졌다. 사진 속 커플은 실제 연인 사이로 연극학교 학생들이었다. 로베르 드와노는 당시 《라이프Life》지에 파리의 키스 사진을 보내고 있었는데 이 커플에게 모델 제의를 했던 것. 덕분에 설정사진이라는 논란에 휩싸였다. 드와노가 그동안 찍어 오던 자연스러운 사진이 아니었으니 말이다. 이들은 사진을 찍은 후 곧 헤어졌고 각자의 삶을 살았다.

로베르 드와노의 〈시청 앞에서의 키스〉

그러던 어느 날 사진의 수익금을 분배하라며 소송을 냈다가 패소하고 만다. 사진 속 커플의 이름은 프랑수아즈 보르네Françoise Bornet와 자크 카르토Jacques Carteaud다. 보르네는 사진을 찍은 뒤 드와노에게 받은 초기 인화본을 경매에 내놓았다. 드와노의 사인이 있고 초기 인화본이라는 희소성으로 2005년에 파리 경매에서 15만 5천 유로(우리 돈 약 2억 원)에 팔렸다.

로베르 드와노

    드와노는 프랑스인들이 가장 사랑하는 사진작가다. 그의 사진집은 여전히 베스트셀러다. 드와노의 사진이 많은 사람들에게 사랑을 받는 이유는 아마도 내가 로베르 드와노나 윌리 로니스를 좋아하는 이유와 같지 않을까 생각한다.

    그것은 유명한 사람, 위대한 작품 등 무언가 큰 대상을 다룬 것이 아니라 평범한 사람들, 소소한 길거리의 일상을 담아냈기 때문이 아닐까? 그 속에서 누구나 느낄 수 있는 사랑과 슬픔, 기쁨, 삶의 애환 등을 다루며, 그러면서도 유머를 잃지 않는 드와노의 시선이 사람들의 가슴을 오랫동안 울리고 있는 것이 아닐까 생각한다.

    마지막으로 우스운 이야기를 하나 할까 한다. 내가 처음으로 파리를 방문하게 되었을 때 사진 속의 '오텔 드 빌Hôtel de Ville'이 '빌'이라는 이름의 호텔이라고 생각했다. 그래서 지금은 오래되어 없어졌겠지 하고 생각했는데 참으로 무지했다. '오텔 드 빌'은 시청이라는 뜻이었으니 말이다. 뜻을 알고 나니 사진을 찍은 장소를 찾기는 누워서 떡 먹기. 메트로 1·11호선 Hôtel de Ville역에 내리기만 하면 된다. 사진을 찍은 카페는 사라지고 폴Paul 빵집이 들어섰다가 지금은 다시 다른 상점으로 바뀌었다.

〈시청 앞에서의 키스〉를 찍은 장소

윌리 로니스의 사진집

타셴 서점   사진전시관

사진에 관심 있는 사람이라면

파리 사진박람회 Paris Photo 1997년부터 시작된 세계 최초 & 최대의 사진박람회로 매년 파리에서 열린다. 전 세계의 유명 갤러리와 사진가들의 사진을 한 자리에서 볼 수 있는 박람회로 매년 그 열기가 대단하다. 2017년에는 11월 9일~12일 사이에 열린다.
주소 Grand Palais, Ave Winston Churchill
홈페이지 www.parisphoto.fr

사진전시관 Maison Européenne de la Photographie 유럽 작가들의 사진을 주로 전시하고 있다. 매년 알차게 기획한 사진전시회를 주최한다.
주소 5/7 Rue de Fourcy
운영 수~일 11:00~20:00
요금 일반 8유로, 학생 4.5유로
홈페이지 www.mep-fr.org
가는 방법 메트로 Saint Paul역 또는 Pont Marie역

타셴 Taschen 1980년도에 독일에서 만들어진 출판사로 건축, 사진, 디자인, 패션, 광고, 영화 등 예술서적을 발행한다. 세계에 직영점이 13곳 있으며 저렴한 가격의 유용한 책부터 고가의 수준 높은 예술서적까지 다양하게 구비하고 있다. 한국인들에게 인기가 많은 앙리 브레송, 윌리 로니스, 로베르 드와노의 사진집을 비롯해 국내에서 구하기 어려운 사진집들을 구할 수 있다.
주소 2 Rue de Buci
운영 11:00~20:00
홈페이지 www.taschen.com
가는 방법 메트로 Odéon역

여행자들의 로망, 〈비포 선셋〉

한 설문조사에서 "당신이 꿈꾸는 로맨스는 무엇입니까?" 하는 질문에 많은 사람들이 '낯선 여행지에서 만난 이성과의 로맨스'를 꼽았다고 한다. 그래서 〈비포 선라이즈Before Sunrise〉(1995)가 개봉되었을 때 많은 사람들에게 사랑을 받지 않았나 싶다.

영화 〈비포 선라이즈〉는 기차 안에서 만난 미국 남자 제시와 프랑스 여자 셀린느가 즉흥적으로 오스트리아 빈에서 내려 하룻밤을 함께하는 이야기다. 간단하게 쓰고 보니 '나이트에서 만나 즐기는 원나잇'과 다를 게 뭐 있어? 싶기도 하지만, 영화는 설레는 로맨스로 가득 차 있고 또 영화의 뒷이야기는 하룻밤 섹스와는 조금 거리가 있다.

그렇기 때문에 1995년에 개봉한 영화가 지금까지도 사랑을 받고 있는 것이 겠지. 여행 작가의 눈으로 본 이 영화의 특별한 점이라면 빈 관광청의 지원으로 만들었고, 잘 알려지지 않은 빈의 숨겨진 곳들이 배경으로 등장한다는 것. 덕분에 영화 촬영지를 찾아다니며 빈의 곳곳을 돌아볼 수 있어 좋았다.

그로부터 9년 뒤, 〈비포 선라이즈〉의 속편이 나왔다. 영화의 제목은 〈비포 선셋Before Sunset〉(2004). 전편에서 영화의 주연을 맡았던 에단 호크와 줄리 델피는 진실한 세월의 흐름만큼 나이가 들었고, 이들의 삶 또한 정말 중년이 되었다.

속편의 배경은 사랑의 도시, 파리. 오스트리아의 빈에 이어 파리의 어떤 곳을 소개해 줄지 궁금해졌다. 전편과 마찬가지라면 소박하면서도 매력적인 장소를 조목조목 알려 줄 테니 말이다.

그러나 파리는 이미 속속들이 소개되어 만만하지 않은 도시가 아닌가. 하지만 영화는 기대한 것 이상이었다.

이야기는 파리의 한 서점, 셰익스피어 앤 컴퍼니에서 시작된다. 제시는 셀린느와 보낸 하룻밤에 대한 이야기를 'This Time'이라는 소설로 써 베스트셀러 작가가 되었고, 파리에서 저자 설명회를 열게 된다. 이 장소에 셀린느가 나타나면서 제시가 공항으로 가기 전까지 함께 시간을 보내게 된다.

서점 옆으로 이어진 생 미셸의 골목길에서는 6개월 뒤 약속 장소에 나왔었냐는 이야기를 나눈다. 제시는 약속 장소에서 기다렸고, 셀린느는 할머니의 장례식이 있어 가지 못했다.

#1 영화 〈비포 선라이즈〉, 〈비포 선셋〉, 〈비포 미드나잇〉
#2 셰익스피어 앤 컴퍼니

계속해서 이어지는 아름다운 생 폴 생 루이 교회Église Saint-Paul-Saint-Louis가 보이는 길 그리고 함께 차를 마시는 르 퓌르 카페Le Pure Café까지.

비행기 시간이 얼마 남지 않았지만, 파리를 조금 더 보고 싶다는 제시의 말에 두 사람은 프롬나드 플랑테Promenade Plantee로 산책을 하러 간다. 이곳은 19세기에 건설해 고가철도로 사용하다가 지금은 도심 속 고가 산책로가 된 곳이다. 바스티유 광장에서 뱅센 숲까지 5km가 연결되어 있다.

공항으로 가는 차를 타기 위해 다시 센 강 쪽으로 돌아오는데 헤어지기 아쉬운 제시는 유람선 타기를 제안한다. 유람선에서 바라보는 노트르담 대성당과 센 강이 영화에서 보이는 유일한 파리의 관광명소. 제시는 이미 결혼해 벌써 네 살 난 아들이 있고, 왜 9년 전에 전화번호를 교환하지 않았는지 후회한다.

#3 제시의 작품 설명회가 열렸던 장소
#4 제시와 셀린느가 걸었던 길 "약속 장소에 왔었어?"
#5 이야기를 나누며 걷던 통로

차가 기다리는 선착장에 도착하자 이번엔 셀린느를 집까지 데려다 주는데 셀린느의 기타 연주를 듣기 위해 잠시 집에 들르게 된다. 계단으로 올라가는 느린 시간 동안 심장이 두근대고, 아쉬운 시간은 매정하게 흘러간다.

거의 사랑 고백에 가까운 셀린느의 기타 연주를 들은 제시. 집 안에서는 니나 시몬의 'Just in Time' 노래가 흐르고 셀린느는 그녀를 흉내내며 이렇게 말한다.

"자기, 그러다 비행기 놓쳐."

제시는 웃으며 말한다.

"나도 알아."

영화는 그렇게 끝이 난다.

제시는 비행기를 정말 놓쳤을까? 그 후로 제시와 셀린느는 어떻게 되었을까? 팬들의 마음을 애태우는 결말인 것 같

#6 · 7 르 퓌르 카페
#8 제시와 셀린느가 걸었던 센 강

지만 사실은 그렇지 않다. 감독은 이미 우리에게 영화가 시작할 무렵 그 열쇠를 쥐어 줬으니 말이다. 셰익스피어 앤 컴퍼니에서 소설 속 이야기가 사실이냐는 한 기자의 질문에 제시가 말했다.

"그것은 괜찮은 테스트예요. 그러니까, 당신이 낭만적인지 냉소적인지를 판단하는(It's a good test. Right? If you're a romantic or a cynic)…."

그 결과가 궁금하다면, 다시 9년 뒤에 개봉한 〈비포 미드나잇Before Midnight〉(2013)을 보면 된다.

#9 제시의 무릎에 셀린느가 앉았던 벤치
#10 셀린느가 살던 공동주택

낭만적인 당신을 위한,
〈비포 선셋〉 지도

Before Sunset

영화 〈비포 선라이즈〉에서 풋풋한 에단 호크와 줄리 델피의
로맨스를 보며 유럽여행을 꿈꿨다면,
9년 뒤 중년이 된 주인공들이 다시 만나게 되는
〈비포 선셋〉을 설레는 마음으로 기다렸을 것이다.
그리고 파리야 말로 사랑과 낭만의 도시라고 마음 속 사진을
'찰칵~!' 찍어두었을 것이다.
영화를 재미있게 본 사람이라면 〈비포 선셋〉에 나온 스폿들을
찾아다니는 것 또한 파리여행에서 특별한 추억이 된다.
'영화 속 그곳'을 찾아 떠나보자.
그리고 르 퓌르 카페에서 커피 한 잔을 잊지 말 것!

아래 지도는 셀린느와 제시가 만난 셰익스피어 앤 컴퍼니부터
영화 마지막에 나오는 셀린느의 집까지를 순서대로 표시했다.
친구와 또는 연인과 함께 이들의 발걸음을 따라가 보자.

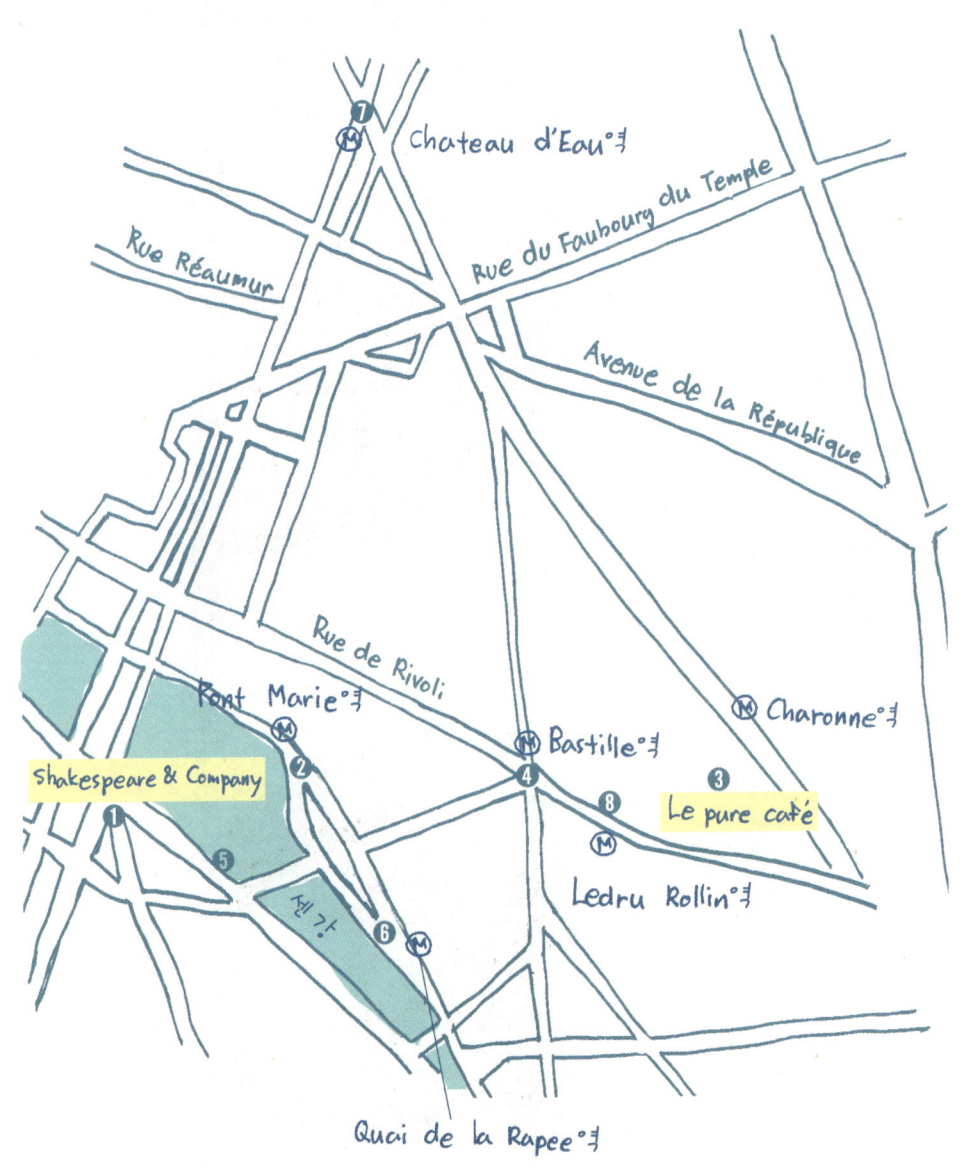

5. 로맨틱 파리   175

① 셰익스피어 앤 컴퍼니
Shakespeare & Company

노트르담에서 남쪽으로 다리를 건너 왼쪽으로 강을 따라 걸어가면 오른쪽 길 건너편
주소 37 Rue de la Bucherie
운영 10:00~23:00
홈페이지 www.shakespeareandcompany.com

② 생 폴 생 루이 교회로 가는 길,
Rue des Jardins

메트로 1호선 Pont Marie역에서 Q. des Celestins 길을 따라 동쪽으로 걸어오면, 왼쪽에 Rue des Jardins 골목이 보인다.

③ 르 퓌르 카페 Le Pure Café

메트로 9호선 Charonne역에서 Rue de Charonne로 나와 작은 번지수 방향을 따라 걷는다. 왼쪽 두 번째 골목 Rue Faidherbe로 들어와 조금 걸으면 첫 번째 왼쪽 길이 Jean-Mace, 정면에 카페가 보인다. 헤매기 쉬우니 지도나 지하철역 내의 지도를 잘 살펴야 한다.
주소 14 Rue Jean-Mace
운영 월~금 07:00~25:00,
토 08:00~25:00,
일 09:00~24:00

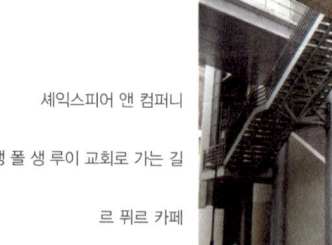

셰익스피어 앤 컴퍼니

생 폴 생 루이 교회로 가는 길

르 퓌르 카페

제시와 셀린느가 프롬나드 플랑테로 올라갔던 계단

④ 프롬나드 플랑테
Promenade Plantée
Bastille역에서 내려 지하철 내의 지도를 참고해 프롬나드 플랑테 방향으로 나갈 것. 5km 구간으로 이어진 공원이라 찾기 쉽다.

⑤ 배를 탔던 선착장

⑥ 헨리 4세 선착장 Quai Henri Quatre
Quai de la Rapee역에서 가깝다.

⑦ Chateau d'Eau역
차 안에서 셀린느는 자기 집이 Chateau d'Eau역 근처라고 말하지만, 실제 촬영 장소는 아님.

⑧ 셀린느의 집
Cour de l'Etoile D'or
메트로 8호선 Ledru Rollin역에서 Bastille역으로 걸어가다 보면 오른쪽. 지나치기 쉽지만, 번지수를 확인하면서 가면 쉽게 찾을 수 있다. 공동주택이다.
주소 75 Rue de Faubourg Saint-Antoine

프롬나드 플랑테

영화 속 유일한 관광지. 노트르담이 보이는 센 강

셀린느가 살던 공동주택

셀린느와 제시가 걸어 올라간 계단

귀스타브 모로의 〈오르페우스〉

〈오르페우스〉(Gustave Moreau, 1865)
프랑스 파리, 오르세 미술관(Musée d'Orsay)

여기 누군가의 얼굴이 놓인 리라를 들고 있는 소녀가 있다. 아니, 정확히 말하자면 소녀는 아니다. 레스보스 섬에 사는 님프(그리스 신화에 나오는 요정의 총칭)다. 처음엔 이 그림 속의 머리가 액자 속에 새겨진 조각인가 했는데 잘려진 오르페우스Orphée의 머리다.

이 그림은 파리의 오르세 미술관에 가면 볼 수 있다. 그림을 그린 귀스타브 모로Gustave Moreau는 프랑스의 상징주의 화가로 그리스 신화와 관련한 그림을 주로 그린 사람이다. 오르페우스 신화를 다룬 그림 중에서 내가 가장 좋아하는 그림이다.

오르페우스 신화는 매우 끔찍하지만 절절한 사랑에 관한 이야기다. 오르페우스는 리라를 연주하는 시인이자 음악가로 인간과 동물, 심지어 신에게까지 감동을 주는 연주자였다.

오르페우스는 님프 에우리디케와 사랑에 빠져 결혼한다. 하지만 에우리디케는 결혼한 지 얼마 되지 않아 치근대는 양치기를 피해 도망가다가 뱀에 물려 죽는다. 하염없이 눈물을 흘리며 식음을 전폐하고 아내를 그리워하는 음악만 연주한 오르페우스. 그의 연주에 땅이 울고, 하늘이 울고, 온 세상이 슬픔에 빠지고 만다. 그만 울고 싶어도 오르페우스의 연주가 너무 슬퍼 울 수밖에 없는 것이다.

오르세 미술관

귀스타브 모로 미술관

귀스타브 모로 미술관 내부

그런데 누군가 에우리디케를 찾을 수 있는 저승으로 가는 길을 알려 준다. 오르페우스는 저승으로 내려가 죽음의 신인 하데스에게 감동스러운 연주를 들려준다. 하데스에게 부인을 데려가도 좋다는 허락을 받지만 한 가지 조건이 붙는다.

"이승으로 나가기 전까지 절대로 뒤를 돌아보지 말라."

오르페우스는 잘 참다가 이승으로 올라오는 문턱 직전에 아내가 몹시 걱정이 된 나머지 그만 뒤를 돌아보고 만다. 약속을 어기는 바람에 에우리디케는 다시 저승으로 빨려 들어가 버린다.

귀스타브 모로 미술관
Musée National Gustave Moreau
귀스타브 모로 미술관은 모로의 집으로, 미술관 내의 그림 배치도 모로가 직접 했다고 한다. 모로만이 갖는 독특하고 환상적인 화풍에 관심이 있는 사람이라면 꼭 방문해 보자.
주소 14 Rue de La Rochefoucauld
운영 월·수·목 10:00~12:45, 14:00~17:15, 금~일 10:00~17:15
휴무 화, 1/1, 5/1, 12/25
요금 일반 6유로, 18세 미만 무료
무료입장 매월 첫째 주 일요일
홈페이지 www.musee-moreau.fr
가는 방법 메트로 1호선 Trinité역

두 번째로 부인을 잃은 오르페우스는 비탄에 빠져 다시 슬픈 음악을 연주하지만 이제는 방법이 없다. 그리고 여자를 멀리하고 소년들과만 관계를 맺었다. 오르페우스를 유혹하려는 님프들은 많았지만 번번이 거절한다.

어느 날, 화가 난 님프들은 '우리를 모욕한 사내'라며 몰려들어 오르페우스를 갈기갈기 찢어 죽여 버린다. 끔찍하게도 말이다. 찢겨진 시체와 리라는 헤브로 지방의 강에 버려졌는데 지중해의 레스보스 섬까지 떠내려간다. 떠내려가는 동안에도 슬픈 연주 소리는 계속되었다고 한다.

레스보스의 주민들은 오르페우스의 시체를 수습해 묻어주고, 뮤즈들은 오르페우스의 리라를 하늘에 안치한다. 그 리라는 오늘날 거문고자리가 된다.

아내를 몹시 사랑해 저승까지 간 남자. 물론 '여자를 멀리하고 소년들과 관계한' 대목이나 '시샘하여 오르페우스를 찢어 죽인 님프' 부분에서는 '헉!' 하고 놀라게 되지만, 그리스 신화가 원래 잔인하고 근친상간과 성폭력이 난무하는 막장 이야기다. 그러니 그 시대에 여성으로 태어나지 않은 것만으로도 감사하자.

로댕 미술관 정원에서
카페 한 잔

누군가 말했다. 로댕 미술관보다 로댕 미술관의 정원을 더 좋아한다고. 미술관을 너무 많이 돌아다녔더니 이젠 그만 머리가 아팠다. 그래서 로댕 미술관은 다음으로 미루고 정원 입장료 4유로만 내고 로댕 정원으로 향했다.

'세상에나, 이렇게 조용하고 아담하며 예술적인 정원이 또 있을까.'

곳곳에 로댕의 조각상들이 세워져 있고, 담벼락 하나를 사이로 맑은 샘물처럼 청아한 세상이 나타났다. 분수가 있고, 정원 한쪽에는 카페도 있었다.

로댕 미술관의 정원

로댕 미술관 Musée Rodin

로댕 미술관으로 사용하고 있는 비롱저택 Hôtel Biron 은 원래 정부 소유의 건물로 1905년부터 예술가들을 위해 임대했던 곳이다. 로댕은 이 저택이 매우 마음에 들어 사후에 자기 작품을 모두 기부하고 미술관을 만든다는 조건으로 사망 전까지 머물게 되었다. 1908년부터 1917년 사망할 때까지 산 곳이다. 로댕의 사망 이후 기부를 받은 작품들과 로댕이 가지고 있던 카미유 클로델, 르누아르, 모네, 반 고흐 등의 작품을 모아 1919년 미술관으로 문을 열었다. 정원에는 〈지옥의 문〉, 〈칼레의 시민〉, 〈생각하는 사람〉 등의 작품을 전시하고 있다.

주소 79 Rue de Varenne
운영 화~일 10:00~17:45
휴무 월, 1/1, 5/1, 12/25
요금 일반 10유로, 18~25세 7유로, 정원 입장료 4유로(18세 미만 무료)
홈페이지 www.musee-rodin.fr
가는 방법 메트로 13호선 Varenne, Invalides역, RER C선 Invalides역, 버스 69, 82, 87, 92번

〈생각하는 사람〉

〈지옥의 문〉

〈칼레의 시민〉　　　　　　로댕 미술관에서 바라보는 앵발리드

　　이곳에서 카푸치노 한 잔을 시켰다. 의자에 앉아 다른 한쪽 의자에는 가방을 벗어 내려놓았다. 이곳은 한적한 곳이니 맥도날드나 번화한 카페에서처럼 누가 훔쳐 갈까 두려워 무릎 위에 가방을 올려놓지 않아도 되어 좋았다.

　　오랜만에 느껴 보는 안전한 여유. 신발을 벗고 두 팔을 머리 위로 올린 채 쭈욱 스트레칭을 했다. 우두두둑~ 아휴, 이제 좀 살 것 같다. 여유가 생기니 주변 광경이 천천히 눈에 들어왔다. 어디선가 들리는 새소리, 시원스러운 앵발리드의 전망. 이 동네에 사는 사람들은 로댕의 조각을 바라보며 커피 한 잔의 여유를 즐길 수 있겠구나 생각하니 부럽고 또 부럽다. 파리는 이런 곳이 너무 많다.

키스를 부르는
파리의 장소

Romantique à Paris

사랑하는 사람과 함께라면 그 어떤 곳이라도 낭만적인 장소로 변신한다.
그런데 그 장소가 파리라면 어떨까? 세계에서 로맨틱이라면 첫손가락에
꼽히는 파리라면 말이다.
연인과 다정히 길을 걸으며, 함께 맞잡은 손엔 사랑의 전기가 흐르고,
마주 보는 서로의 눈동자엔 언제라도 스파크가 튈 준비가 되어 있다.
연인들을 위해, 또 연인이 되고 싶은 사람들을 위해
키스를 부르는 파리의 장소를 살짝 소개한다.

바토무슈  밤의 에펠탑  파리 시청

♥ 에펠탑의 조명 쇼

밀레니엄을 기념으로 시작한 에펠탑의 조명 쇼는 약 20년이 되어 가는 지금까지 계속되고 있다. 해가 진 후, 매시간 정각마다 에펠탑의 수만 개의 조명이 반짝이고 연인들은 약속이나 한 것처럼 끌어안고 키스를 나눈다. 가장 전망이 좋은 곳은 샤요 궁과 평화의 문. 단, 관광객들이 많다. 부끄러움이 많은 사람이라면 에펠탑이 보이는 센 강변의 다리에 기대어 진한 키스를 나누자.

가는 방법 메트로 6호선 Bir-Hakeim역, RER C선 Champ de Mars-Tour Eiffel역

♥ 바토무슈의 밤

파리에 온 서로 알지 못하는 남녀가 있었다. 밤의 바토무슈를 타고 옆자리에 앉았다가 그 분위기에 빠져 키스를 나눴고, 사랑에 빠져 결혼하게 되었다는 전설! 그만큼 밤의 바토무슈는 낭만적이다.

가는 방법 메트로 9호선 Alma-Marceau역

♥ 센 강의 사랑의 자물쇠

서울의 남산만큼은 못하지만, 파리에도 사랑의 자물쇠를 다는 곳이 있다. 가장 처음으로 자물쇠가 달린 곳은 예술의 다리였지만 요즘은 노트르담 뒤편의 대교구의 다리까지 빼곡하다. 하지만 자물쇠가 매달린 난간이 무너져 사람들이 다칠 것을 우려해 파리 의원들이 철거를 요청했다.

가는 방법 메트로 RER C선 Musée d'Orsay역 또는 12호선 Solférino역

♥ 시청 앞에서의 키스

로베르 드와노의 사진처럼 똑같이 포즈를 취하고 시청 앞에서 키스 사진을 찍어 보자. 사람들의 왕래가 잦은 곳이니 부끄러움이 많은 사람들은 일찌감치 포기하자.

가는 방법 메트로 1·11호선 Hôtel de Ville역

에펠탑의 조명 쇼

생 마르탱 운하

사랑의 자물쇠

파리의 연인들

♥ 예술의 다리에서 와인과 함께하는 밤

차가 다니지 않는 인도교, 예술의 다리. 밤이면 친구들과 모여 앉아 생일파티도 하고, 직장인들은 퇴근 후 동료들과 모여 뒤풀이도 하는 곳. 슈퍼마켓에서 맛있는 와인 한 병, 플라스틱 와인 잔과 약간의 치즈를 사서 자리를 잡자. 해가 지는 센 강과 에펠탑을 바라보며 두 잔! 그리고 달콤한 키스!
가는 방법 메트로 7호선 Pont Neuf역

♥ 프롬나드 플랑테

번잡한 파리의 관광지를 벗어나 사랑하는 사람과 손 꼭 잡고 파리지앵처럼 천천히 산책해 보자. 영화 〈비포 선셋〉에서처럼 사랑하는 사람의 무릎에 앉아 보는 건 어떨까? 눈빛이 통한다면 그 자리에서 바로 키스! 단, 너무 무거우면 사랑하는 남자의 다리가 고통스럽다.
가는 방법 메트로 1·5·8호선 Bastille역

♥ 생 마르탱 운하

여름날, 생 마르탱 운하의 밤은 젊은이들이 나누는 유쾌한 즐거움으로 가득! 바닥에 앉아 와인과 맥주를 마시며 이야기도 하고, 근처에 예쁜 카페와 바가 몰려 있어 그곳에서 시간을 보내기도 한다. 역시 관광객보다 파리지앵들이 많은 곳! 단, 너무 으슥한 곳에 있으면 강도를 만날 수도 있음!
가는 방법 메트로 7호선 Louis Blanc역 또는 3·5·8·9·11호선 République역

연인   예술의 다리

맛있는 파리

빵집을 찾는 것은 아주 쉽다.
어디선가 바람을 타고 솔솔~
고소한 빵 냄새가 나는 곳을 따라가거나,
출근하는 차림 같지 않은 부스스한 차림새의
사람을 따라가기만 하면 된다.

맛있는
파리의 하루

여행자들은 보통 호스텔이나 호텔에서 아침 식사를 하게 된다. 파리의 경우는 민박집에도 많이 머무는 편이지만, 민박집에서는 한식이 나오니 제외하고 이야기해 보도록 하자.

호텔의 아침 식사는 보통 콘티넨털 스타일이나 아메리칸 스타일로 나온다. 콘티넨털 브렉퍼스트Continental Breakfast는 간단하게 빵, 버터 혹은 잼, 커피, 주스, 우유가 제공되는, 주로 차가운 음식들이 나오는 식사다. 아메리칸 브렉퍼스트American Breakfast는 콘티넨털 스타일에 따뜻한 음식, 즉 베이컨, 계란 등 조리한 음식이 추가된다. 당연히 아침을 든든하게 먹는 우리나라 사람들에게는 아메리칸 브렉퍼스트가 더 잘 맞는다.

호스텔의 아침 식사는 매우 간단하다. 커피에 크루아상 또는 바게트에 잼이나 버터 그리고 주스 정도. 영어권 여행자들을 위해 우유와 시리얼이 나오는 숙소도 많다. 하지만 같은 유럽이라도 독일처럼 다양한 종류의 햄과 치즈, 곡물빵 등 풍성한 음식이 나오지는 않는다.

일반적인 프랑스인들의 아침 식사는 화려한 것 같지만 호스텔보다 더 간단하다. 커피에 바게트, 잼, 버터 또는 크루아상 한두 개가 전부다. 처음에 봤을 때는 이걸 먹고 어떻게 하루를 버티나 싶기도 했다.

아메리칸 브렉퍼스트

카페에서의 아침　　　　　　　　　　　　　호스텔의 아침 식사

6. 맛있는 파리　　197

우리가 따뜻한 김이 올라오는 갓 지은 밥을 좋아하듯 프랑스인들도 갓 만든 신선한 빵을 좋아한다. 우리가 갓 지은 밥과 묵은 밥을 구별해 내듯 프랑스인들 역시 기가 막히게 구별해 낸다. 그래서 아침 일찍(6~7시 정도) 숙소 근처에 있는 빵집에 가 보면 재미난 광경을 볼 수 있다.

빵집을 찾는 것은 아주 쉽다. 어디선가 바람을 타고 솔솔~ 고소한 빵 냄새가 나는 곳을 따라가거나, 출근하는 차림 같지 않은 부스스한 차림새의 사람을 따라가기만 하면 된다.

다른 가게들은 이 시간에 보통 문을 열지 않지만, 새벽부터 불이 켜져 있는 곳은 유일하게 빵집밖에 없으니 찾기 쉽다. 세수도 안 한 얼굴에 잠이 덜 깬 눈으로 대충 옷을 챙겨 입고 빵집 앞에 길게 줄을 선 사람들의 모습이 신기하고 또 재미있다. 나 역시 파리에서 생활할 때는 한동안 이 대열에 동참했다.

보통은 1유로가 조금 넘는 바게트를 사서 집으로 돌아와 잼과 버터를 발라서 커피와 함께 먹었다. 바쁜 날은 밖에서 아침을 먹기도 했는데, 이때는 폴Paul이나 브리오슈 도레Brioche Dorée 같은 빵집에서 크루아상과 커피 한 잔을 시킨 뒤 간이 테이블에 서서 먹었다.

파리 시내에 있는 빵집에 가면 출근길에 아침 식사를 하러 온 직장인들이 길게 줄을 서 있다. 이런 모습을 보면 서울의 여느 지하철역 앞에서 김밥이나 토스트를 사 먹고 출근하는 우리네 직장인들의 모습과 별반 다르지 않다. 단지 메뉴만 조금 다를 뿐.

빵을 사기 위해 길게 줄을 선 사람들

그렇게 아침 식사를 하고, 점심으로는 뭘 먹을까? 보통은 샌드위치를 많이 먹는다. 샌드위치 가격은 보통 3~4유로 정도 하고, 여기에 음료를 더하면 5유로 정도가 든다. 폴이나 브리오슈 도레는 우리나라의 파리바게뜨나 뚜레쥬르처럼 쉽게 눈에 띄는 빵집이다.

주로 빵과 샌드위치를 팔지만 간단한 메뉴를 갖춘 곳도 있어서 편안하게 앉아서 식사를 할 수도 있다. 이곳에서 먹으면 10유로 미만의 비용이 든다. 그래도 여행자들은 바쁘니까 걸으면서 골목을 구경하며 먹기도 하고, 볕 좋은 작은 공원이나 센 강변 같은 곳에 앉아 샌드위치를 먹기도 한다. 이런 점에서는 파리의 직장인들도 여행자들과 크게 다르지 않다.

200

바게트 샌드위치를 처음 먹어 본 한국인들은 입천장이 까진다며 고통을 호소하기도 한다. 입천장을 보호할 수 있는 요령은 여러 번 먹다 보면 생기게 된다. 터프하게 뜯어 먹지 말고, 한 번에 물어 꼭꼭 씹어 먹을 것! 만든 지 오래되어 눅눅하고 질겨진 바게트 샌드위치보다 갓 만들어 바삭한 식감이 살아 있는 샌드위치가 더 먹기 편하다(눅눅한 바게트는 고무줄보다 더 질기다). 그리고 시내에 있는 빵집보다 동네 빵집에서 파는 샌드위치가 더 저렴하고, 안에 든 내용물도 풍성해서 더 맛있다.

아 참, 그리고 한 가지 더! 점심으로 꼭 샌드위치를 먹을 필요는 없다. 우리나라와 마찬가지로 파리에도 점심 메뉴가 있는데 저녁 메뉴보다 저렴하게 프랑스 음식을 맛볼 수 있으니 말이다. 프랑스어로 샐러드와 에스카르고달팽이요리 같은 전식은 앙트레Entrée, 고기나 생선요리 등의 본식은 플라Plat, 달콤한 디저트는 데세르Dessért 그리고 음료는 부아송Boisson이라고 한다.

점심은 Formules라고 해서 주로 저렴한 세트 메뉴로 구성되어 있는데 전식+본식+음료 또는 본식+후식+음료, 전식+본식+후식+음료 등 다양한 코스로 나뉘어 있고 가격 또한 매우 다양하다. 저녁 식사 가격이 부담스럽다면, 저녁을 간단하게 먹고 점심 식사를 제대로 즐기는 것도 여행자들에겐 매우 좋은 방법이다. 보통 가격은 20~35유로 정도 한다.

폴

브리오슈 도레

에릭 케제르

아침, 점심으로 이용하기 좋은 곳

크루아상과 커피로 시작하는 아침부터 샌드위치로 간단히 먹는 점심까지 쉽게 식사를 해결할 수 있는 곳들.

폴 Paul 1889년부터 운영해 온 체인 빵집으로 국내에도 지점이 있다. 일부 매장에서는 식당과 티룸도 운영한다.

브리오슈 도레 Brioche Dorée 폴처럼 역사가 오래되지는 않았지만 분위기가 비슷하며 파리에 많은 체인점이 있다. 한국에도 2013년부터 들어와 있다.

에릭 케제르 Eric Kayser 1996년에 생긴 빵집으로 한국에도 지점이 있다.

폼 드 팽 Pomme de Pain 샌드위치 & 빵 전문점이다.

마지막으로, 저녁 식사로는 무엇을 먹을까? 점심 식사와 형식은 똑같다. 전식, 본식, 후식 그리고 음료. 점심 식사와 다른 점이 있다면 세트메뉴는 찾기 힘들고 모두 따로따로 시켜야 해서 비용 부담이 늘어난다. 비싸지 않은 식당이라면 30~50유로 정도를 생각하면 된다.

프랑스인들은 저녁 시간 때에는 다소 격식을 갖춘다. 화장도 조금 진하게 하고, 예쁜 옷과 액세서리로 치장을 하고 식당에 간다. 비싼 식당들은 반드시 미리 예약을 해야 하고 요금은 정말 천차만별이다.

전통적인 프랑스식 정찬은 열 가지쯤 되는 코스 요리고 격식을 갖춰야 한다. 하지만 가격이 꽤나 비싸서 먹어 볼 엄두를 내지 못했다. 언젠가 나도 우아하게 옷을 차려입고 제대로 된 프랑스 코스 요리를 즐겨 볼 기회가 생겼으면 좋겠다.

도심에서 만나는
시장과 로컬푸드

한번은 파리 시내에 있는 숙소를 찾아 메트로 밖으로 나왔는데 장이 선 모습을 보게 됐다. 지금은 제주도에 살고 있어 5일장에 종종 가지만 그때는 서울에 살고 있어서 도심에 장이 선 모습을 본 적이 없었다. 과일과 야채 등을 파는데 마치 시골장터를 옮겨놓은 것 같아 색다르고 또 흥미로웠다.

사람들에게 물어보았더니 이곳뿐만이 아니라 파리 곳곳에 매주 1~2회 장이 선단다. 이때가 되면 주민들은 커다란 장바구니를 들고 와 한가득 음식들을 사 간다. 보통 오후 12시만 돼도 언제 그랬냐는 듯 장이 파하기 때문에 늦게 가면 볼 수 없다.

문득 궁금해졌다. 대형 슈퍼마켓이 더 편리하지 않나? 우리나라에는 이마트나 롯데마트 같은 대형 슈퍼마켓이 곳곳에 있어 편리하게 이용할 수 있으니 말이다. 물론 시장보다 야채나 과일 가격은 좀 비싸긴 하지만, 신선도 면에서는 별 차이가 없는데…. 조금 살펴보니 유럽은 다르다.

일단 대형 슈퍼마켓들은 도심에 없고 조금 떨어진 곳에 큰 쇼핑몰과 함께 있다. 그리고 과일과 야채는 시장에서 파는 것이 훨씬 신선하다. 가격은 저렴한 것도 있지만 비슷하거나 좀 더 비싼 것도 있다.

서울 같은 경우 대형 유통매장이 아주 작은 동네에까지 들어와 소규모 상인들이 설 자리를 점점 잃어 가고 있는데, 유럽은 동네 구멍가게를 보호해 주는 그런 느낌을 받을 수 있었다. 무엇보다 매주 근처에 있는 농장에서 신선한 과일과 야채, 치즈를 가져와 파리 시민들에게 공급해 주는 것이 인상적이었다.

최근에는 우리나라에도 '로컬푸드'라는 개념이 확산되기 시작했다. 로컬푸드란 장거리 운송을 거치지 않은 지역 농산물로 보통 반경 50km 이내에서 생산한 것을 말한다.

범지구적으로는 먼 거리에서 음식을 들여오기 위해 가스, 기름 등을 소비하며 발생하는 지구온난화를 막고, 농민 편에서는 생산물의 가격보다 유통비가 더 많이 책정되는 아이러니한 현상을 바로잡는 것을 뜻한다.

무엇보다 건강학적으로는 먼 거리에서 들여오기 위해 코팅이나 방부 처리 등을 하지 않은, 신선하고 안전한 음식을 먹고 소비한다는 개념이다. 물론 생산자 또한 안전한 먹을거리를 위해 많은 고민을 선행해야겠지만 말이다.

한국으로 돌아와 종종 상상해 본다. 내가 사는 동네 구청 앞이나 도심 한복판 시청에서 매주 장이 서는 모습을 말이다.

근처에 살고 있는 동네 주민들이 장바구니를 들고 삼삼오오 모여들고, 아는 사람들을 만날 때면 잠시 멈춰 서서 안부 인사를 나누는 모습을. 장에서는 바로 어제 수확한 신선한 과일과 야채를 팔고 있을 것이다. 그렇게 해서 지역경제도 활발해지고 무엇보다 우리들의 몸이 건강해질 것을 생각하니 빨리 그런 날이 왔으면 좋겠다.

1, 2, 3, 5, 7, 8. 매주 1~2회 파리 곳곳에서 열리는 시장. 신선한 야채와 과일, 생선, 치즈, 햄까지 다양한 종류의 음식을 판다. **4.** 기름기 뺀 닭과 익힌 감자요리는 시장의 별미! **6.** 야한 속옷! 이런 것도 판다.

프랑스의 독특한
카페 문화

처음 파리에 왔을 때 카페의 테라스에 앉아 있는 사람들을 보고 의아해한 적이 한두 번이 아니다. 코딱지만 한 에스프레소 한 잔을 시켜 놓고, 고양이 눈물만 한 커피를 다 마신 지 한참은 된 것 같은데 온종일 앉아 있는 사람들. 우리나라에서는 빈 잔을 치우면 '빨리 나가라나 보다' 싶어 얼른 자리에서 일어나기 마련인데 프랑스 사람들은 아랑곳없이 꿋꿋하게 앉아 있다.

카페 레 되 마고

이런 광경을 여러 번 목격하다 보니 나도 프랑스 사람들처럼 해보고 싶어졌다. 카페 테라스에서 선글라스를 끼고 다리를 우아하게 꼬고 앉아, 지나가는 사람들을 구경하거나 책을 보며 하루 종일 죽쳐 봐야겠다는 결심을 세우게 된 것이다. 그리고 며칠 후, 계획을 실행에 옮길 날이 왔다.

아침밥을 먹고 숙소 근처에 눈여겨봐 둔 카페를 향해 일찌감치 나섰다. 읽을 책 한 권, 친구들에게 보낼 엽서 몇 장, 일기장, 음악까지 두둑이 챙기고서 말이다. 만반의 준비를 했음에도 불구하고 한 시간이나 지났나? 뜨거운 햇살에 땀은 줄줄 흐르고, 피부는 따끔따끔해오고, 무엇보다 지루해서 더는 앉아 있을 수가 없었다.

도대체 프랑스 사람들은 어떻게 오랫동안 저러고 있을 수 있는지 머릿속에 들어가 보고 싶은 심정이다. 내공이 정말 대단하다.

파리의 카페는 프랑스 문화와 깊은 연관이 있다. 그저 차를 마시고 담소를 나누는 공간에서 한 걸음 더 나아가 철학·문학·예술을 논하는 토론 문화가 탄생한 곳이기 때문이다. 재미난 것은 프랑스 관광청에서 이러한 카페를 루브르 박물관, 프랑스 요리와 함께 프랑스의 3대 문화로 손꼽았다는 것이다.

카페가 주요 문화의 범주에 들어가다니! 파리에는 이러한 토론 문화를 당당히 이끌며 철학과 문학적인 생산물을 만들어 낸 대표적인 카페 두 곳이 있다. 두 곳 모두 파리 6구 생 제르맹 데 프레Saint Germain des Prés 교회 근처에 자리하고 있는 오래된 카페다.

그중 한 곳이 레 되 마고Les Deux Magots이고, 다른 한 곳은 카페 드 플로르Café de Flore다. 모두 19세기 말과 20세기에 프랑스의 지성과 예술가들을 위한 아지트 역할을 한 곳이다.

레 되 마고는 원래 중국산 비단 가게였던 곳으로 내부 위쪽에 중국 도자기가 장식되어 있다. 두 개Deux의 인형Magot 때문에 '레 되 마고'라는 이름으로 불리게 되었고, 1914년 카페를 운영하던 당시의 인테리어를 오늘날까지 유지하고 있다.

앙드레 말로, 오스카 와일드 등 그 시대의 유명한 문학가들과 예술가 그리고 정치인들이 자주 찾는 단골 카페로 명성이 높았던 곳이다.

카페 레 되 마고

카페 드 플로르

레 되 마고 Les Deux Magots
주소 6 Place Saint-Germain des Prés
홈페이지 www.lesdeuxmagots.fr
가는 방법 메트로 4호선 Saint-Germain-des-Prés역

카페 드 플로르 Café de Flore
주소 172 Blvd Saint-Germain
홈페이지 cafedeflore.fr
가는 방법 메트로 4호선 Saint-Germain-des-Prés역

근처에 있는 '카페 드 플로르'는 레 되 마고보다 3년 뒤에 생겨난 카페다. 바로 한 블록 떨어져 있기 때문에 레 되 마고의 단골들은 카페 드 플로르의 단골이기도 했다.

1940년대에 사르트르와 보부아르가 레 되 마고에서 이곳으로 옮겨 왔는데, 밥 먹는 시간을 제외하고는 거의 이곳에 살았다고 한다. 옮긴 이유는 카페 드 플로르의 난방 시설이 더 잘되어 있었기 때문이란다.

이런 문학적 카페 전통을 이어 가듯 1994년부터는 플로르 문학상이 제정되었다. 홈페이지에 카페 내 예술과 철학 모임 일정을 공개하고 있으니 관심이 있는 사람이라면 참고하자.

과거와 마찬가지로 오늘날에도 이 두 카페는 많은 사람들로 북적인다. 과거에 주 손님이 프랑스의 지성과 예술가들이었다면 지금은 세계의 유명한 스타나 관광객들이 이곳의 터줏대감이 되어 버렸다.

사람들이 가장 선호하는 카페 테라스에 앉는 것은 하늘의 별 따기만큼 어렵다. 가격 역시 꽤 비싼 편인데 가장 저렴한 에스프레소 한 잔 값이 4유로가 넘는다. 다른 카페들의 2배 정도 되는 가격이다.

파리에 사는 친구들은 이곳에 가지 않는다고 말한다. 첫째 이유는 관광객이 너무 많고, 둘째 이유는 커피 값이 너무 비싸기 때문. 관광객들이 장악해 버린 유서 깊은 카페는 파리지앵들에게서 점점 멀어지고 있는 듯하다.

최고의 마카롱,
피에르 에르메의 '이스파한'

처음 '마카롱Macaron'이라는 이름을 접했을 때 그 발음이 주는 특별한 귀여움에 반했었다. 왠지 아주 귀엽고 맛있을 것 같은 그런 느낌이랄까? 파리에 가면 먹어 봐야지 했는데 첫 경험은 실망감이 가득! 비스켓 같은 바삭한 식감일 줄 알았는데 이에 달라붙는 끈적거리는 이 느낌은 도대체 뭐지? '도대체 왜 이걸 맛있다고 하는 거야?' 하면서 한동안 잊고 있었는데, 어느 날 갑자기 마카롱이 참을 수 없이 먹고 싶어지는 거다.

마치 〈섹스 앤 더 시티〉에서 캐리와 미란다가 끔찍하리만큼 단 설탕 덩어리 컵케이크를 한입 가득 베어 물며 천국에 있는 것 같다고 말하던 그런 느낌처럼 말이다. 그때부터 쫀득한 마카롱에 반했던 것 같다.

피에르 에르메 Pierre Hermé
주소 72 Rue Bonaparte
운영 10:00~19:00(토요일은 ~20:00)
홈페이지 www.pierreherme.com
가는 방법 메트로 4호선 Saint-Sulpice역

라뒤레 Ladurée
주소 16 Rue Royale
전화 01 42 60 21 79
운영 월~토 08:00~16:00, 일 09:00~19:00
홈페이지 www.laduree.fr
가는 방법 메트로 8 · 12 · 14호선 Madeleine역

폴의 마카롱

마카롱과 커피

이스파한

6. 맛있는 파리

달로와요

카카오 에 쇼콜라

라뒤레

맥카페에서도 마카롱을 판다.

파리에 갈 때마다 유명한 제과점에서 마카롱을 사기도 하지만, 길을 가다가 맛있어 보이는 마카롱이 눈에 띌 때면 꼭 한두 개씩 사서 먹어 보곤 한다. 알려지지 않은 맛있는 마카롱을 찾기 위해서 말이다.

마카롱은 791년 이탈리아에서 만들어진 과자로 마카로네Maccherone란 이름으로 불렸다. 프랑스에 들어온 때는 1533년으로 메디치 가문의 카트린Catherine de' Medici이 앙리 2세Henry II와 결혼하면서 전해지게 되었다. 이후로 프랑스 전역으로 퍼지기 시작해 마카롱이 만들어졌다.

재료는 아몬드 가루와 설탕 그리고 머랭(달걀흰자에 거품을 내 단단하게 만든 것)이다. 반죽을 작은 동그라미 형태로 떨어뜨려 오븐에 구워 내는데, 두 개의 과자 가운데에 잼이나 버터크림 등을 바르면 된다. 만들기 쉬울 것 같지만 정말 어렵다.

마카롱은 에스프레소와 가장 궁합이 좋다. 마카롱 자체가 충분히 달기 때문에 에스프레소에 설탕을 넣지 않아도 밸런스가 잘 맞는다. 에스프레소 다음으로는 설탕을 넣지 않은 아메리카노와도 잘 어울린다.

어느 날 저녁, 소피와 함께 마카롱에 대해 이야기를 나누게 되었다. 소피가 파리 최고의 마카롱을 만드는 곳은 '라뒤레Ladurée'라며 눈을 지그시 감고 맛을 음미하듯 '음~' 소리를 낸다. 저럴 때 보면 정말 캐리 브래드쇼와 얼굴이 똑같다. 나는 소피의 말에 반박이라도 하듯 "나는 라뒤레보다는 '피에르 에르메Pierre Hermé'의 마카롱이 더 맛있다고 생각해." 하고 말했다. 피에르 에르메는 1992년에 생긴 제과점으로 '초콜릿의 피카소'라는 별명을 얻었고, 프랑스 최고의 마카롱을 만드는 곳이다.

소피 역시 지지 않는다. 바로 토박이 파리지앵이지 않은가!

"피에르 에르메? 뭐니 뭐니 해도 마카롱은 라뒤레가 최고야!"

라뒤레는 1862년에 문을 연 전통 있는 제과점으로 역시 프랑스 최고의 마카롱을 만드는 곳이다. 척 봐도 끝나지 않을 논쟁이었다. 맛에 대한 취향은 다를 수 있을 테니 조금 반칙을 하기로 했다.

"소피, 이스파한을 먹어 봤어?"

"아니."

"마카롱의 변형된 형태이기는 하지만, 난 태어나서 그렇게 맛있는 마카롱을 먹어 보긴 처음이야."

"변형된 마카롱? 가격이 얼만데?"

"7.5유로쯤?"

소피의 눈이 휘둥그레진다.

"뭐라고? 그렇게 비싼 마카롱이 있어?"

"사이즈가 좀 크긴 해. 그리고 안에 든 내용물이 보통 마카롱과는 조금 달라."

소피는 먹어 보지 못해 다른 말을 하진 못했지만(반칙이 제대로 통했다), 정말 피에르 에르메의 '이스파한'은 가히 세계 최고라 말할 수 있다.

피에르 에르메 매장과 마카롱

6. 맛있는 파리

사실은 며칠 전 두 가게의 마카롱을 먹어 보았는데 두 곳 다 비슷한 수준이라 비교하기가 난감했다. 그래서 차선책으로 비슷한 아이템을 찾다가 피에르 에르메와 라뒤레 두 곳에 다 있는 '이스파한'을 비교하게 된 것이다. 이스파한은 핑크색 마카롱 과자에 산딸기와 장미로 장식하고 리치가 들어간 부드러운 화이트 초콜릿 크림을 바른 마카롱이다.

결과는 비교가 안 될 정도로 피에르 에르메의 이스파한이 압승!

한국으로 돌아오기 전날, 맛을 궁금해하는 소피를 위해 이스파한을 선물하고 싶었는데 그러지 못해 아쉽다. 라뒤레 지지자를 피에르 에르메파로 끌어들였어야 하는데….

한국에서 파리의 맛이 그리울 때

르 쁘띠 푸 Le Petit Four 파리 최고의 마카롱만큼이나 훌륭한 마카롱을 만드는 상수동의 디저트 가게를 소개한다. 마카롱을 잘 만드는 곳이 정말 많아졌으나 여기만한 곳이 없다. 피에르 에르메의 마카롱이 생각나면 들르게 된다. 이곳에는 열 다섯 가지 맛의 다양한 마카롱이 있는데, 그중에 내가 가장 좋아하는 맛은 바로 피스타치오다.

주소 서울특별시 마포구 와우산로 62 2층
전화 02 332 2669
운영 월~목 11:30~23:00, 금·토 11:30~24:00,
일 13:00~22:00
홈페이지 www.lepetitfour.co.kr

일요일엔
마레로 가야 해

자전거를 세우고 마레 지구 골목탐방에 나섰다.
스타일이 독특한 가게 몇 곳에 들어가 옷 구경도 하고,
소피는 자기가 좋아하는 가게를 소개해 주기도 했다.

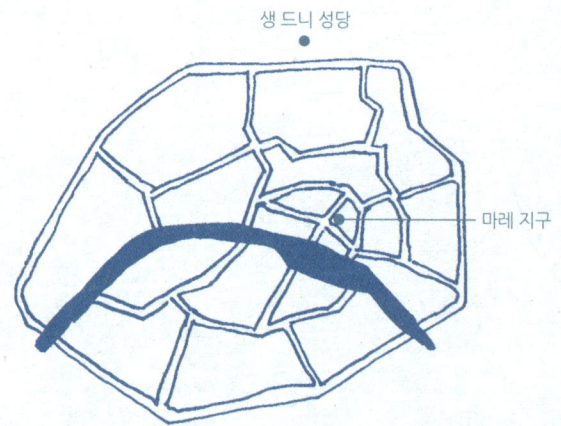

소피와 함께한
마레 산책

소피는 논문을 쓰면서 오후에 출근해 자정쯤 퇴근하는 회사를 다녔다. 그래서 일주일 동안 함께 지내긴 했지만 낮에 얼굴을 볼 기회가 없었다. 내가 아침에 일어나 나갈 때면 소피는 쿨쿨 자느라 바빴고, 소피가 퇴근한 자정 이후엔 수다를 떨다가도 둘 다 너무 피곤해 잠자리에 들어야 했다. 소피가 주말을 기다리라고 했는데 드디어 일요일이 됐다. 반나절쯤 짬이 난 것이다. 눈을 찡긋하며 나에게 말한다.

"일요일엔 마레로 가야 해."

그렇다. 일요일엔 마레로 가야 한다. 처음 유럽여행을 하는 사람들은 유럽의 불편한 시스템에 충격을 받는다. 아무리 눈을 씻고 찾아봐도 24시간 편의점은 없고, 일요일에는 슈퍼마켓과 백화점이 문을 닫기 때문이다. 이 사실을 깨닫게 되면 다들 깜짝 놀란다.

"뭐라고? 편의점은 그렇다 하더라도 일요일에 슈퍼마켓과 백화점이 문을 닫는단 말이야?"

그렇다. 일요일에 슈퍼마켓과 백화점은 문을 닫는다. 생각해 보라. 1988년 서울에서 문을 열었던 쁘렝땅 백화점이 '프랑스식'으로 일요일에 문을 닫다가 결국 한국에서 철수하지 않았던가? 우리네 상식으로는 이해할 수 없는 놀라운 일이지만, 여기 이 기사를 읽어 보도록 하자.

아침으로 크루아상을 산 빵집

소피의 동네 단골 카페

"2009년 7월 프랑스 하원에서 1906년부터 엄격하게 지켜져 온 일요일 영업금지 전통을 깨는 법안이 통과됐다. 결과는 찬성 282표, 반대 238표. 아직 상원 표결이 남아 있고 야당인 사회당이 반대하지만, 법이 시행될 경우 파리와 마르세유 등 3대 대도시 상점들은 일요일에도 문을 열 수 있게 된다. 이에 야당과 가톨릭교회는 노동자의 휴식 권리와 교회를 가야 하는 이유를 들어 끝까지 반대하겠다는 입장을 밝혔다."

여기에서 이 법안 통과에 반대한 노조 사무총장의 말이 의미심장하다.

"가정과 사회생활이 해체되는 겁니다. 프랑스에서 이제 노동자들에게 휴일은 없습니다. 지금도 제대로 된 대우를 받지 못하고 있는데 이는 불행한 일입니다."

일요일에 일해서 돈을 벌게 하는 것보다 법적으로 모두 일하지 않게 규제해 가족의 단란한 생활을 보장해 주는 것이 더 중요하다는 말. 우리는 일요일까지 열심히 일해서 돈을 더 버는 것이 가족을 행복하게 해 줄 수 있다고 생각하는 나라에서 살고 있지 않은가!

가족 또는 친구들과 한가로운 시간을 보내는 파리지앵들

    이야기가 한참을 돌았다. 사실은 마레 이야기를 하려고 했던 것인데…. 마레 지구는 유대인들의 커뮤니티가 19세기 말부터 형성된 곳이다. 기독교의 휴일은 일요일이지만, 유대교의 휴일은 토요일이다(참고로 이슬람의 휴일은 금요일).

    그래서 일요일에 빵집과 서점, 가게들이 문을 연다. 또한 이 지역에는 게이 커뮤니티가 정착되어 있는데 개성 있는 옷가게나 바, 카페들도 많이 있다. 그러니 모든 상점들이 문을 닫는 일요일, 가족 또는 친구들과 손에 손을 잡고 마레 지구를 구경하러 가는 것은 어쩌면 자연스러운 일인지도 모르겠다.

마레의 유대인 빵집

소피는 일단 아침을 먹자며 따라오란다. 지난번에 알려 준 맛있는 동네 빵집인데 나도 일주일 동안 아침 식사로 종종 이용한 곳이다.

아침이라고 하기엔 꽤나 늦었지만, 크루아상 한 개씩을 샀다. 그리고 소피가 평상시 자주 찾는 카페로 갔다. 커피를 시켜 크루아상과 함께 먹자고 한다.

앗, 이렇게 다른 가게에서 산 음식을 카페에 가져가도 되나? 소피가 자기 남자 친구도 이런 행동을 정말 싫어하긴 하지만, 그래도 카페에서 파는 크루아상은 맛이 없단다. 나도 눈 딱 감고 한 손에 크루아상을 들고 카페 테라스에 소피와 함께 앉았다. 조금 수다를 떨다가 자리에서 일어났다.

"밥을 먹었으니 이제 마레 지구로 가자!"

근처에 있는 벨리브 정류장으로 갔는데, 세상에! 자전거가 동났다. 그나마 있는 자전거는 손잡이가 부서졌거나 바퀴에 바람이 빠져 있다.

"일주일 동안 벨리브를 타고 다녔지만, 이런 적은 처음이야. 벨리브가 하나도 없다니!"

"일요일엔 모두 벨리브를 타고 시내로 놀러 가거든. 그래서 자전거가 없는 거야."

근처에 있는 다른 정류장 몇 군데를 더 돌아 겨우 두 개를 구할 수 있었다. 내가 가방을 자전거 바구니에 넣자 소피가 주의를 준다.

"그냥 그렇게 가방을 담지 말고, 어디다 한 바퀴 돌려 묶은 후에 넣어. 아님 대각선으로 메고 타던지."

"왜?"

"도둑이 스쳐 지나가면서 네 가방을 날치기해 갈지도 모르니까."

"정말?"

그렇단다. 파리에 있는 동안 안전하게 잘 다녔는데, 소피가 하는 이야기를 들어 보면 파리는 정말 위험한 도시다. 하긴 공항에서 택시를 타고 시내로 들어오는 승객을 대상으로 한 범죄도 기승을 부리고 있단다.

차가 막혀서 택시가 서 있으면 2인조 오토바이 강도가 택시 문을 열고 소지품들을 훔쳐 달아난다고. 오토바이를 타고 도망가니 잡을 수도 없다. 이것 때문에 한국대사관 홈페이지 게시판에 공항 택시를 이용하는 여행자들은 각별히 주의하라는 공지사항이 오르기도 했다.

마레의 거리

마레 지구 골목탐방

소피는 자전거를 잘 탄다. 나는 아무래도 한국에서처럼 자동차를 피하거나 자동차에게 양보하는 운전에 익숙한데, 소피는 그렇지 않다. 과감하게 좌회전, 우회전 수신호를 하고 그냥 들어가 버린다. 소피를 쫓아가느라 힘들었다. 그렇게 열심히 페달을 밟다 보니 생 마르탱 운하가 나타났다. 운하 옆쪽은 차가 다닐 수 없기 때문에 안전하고, 아름다운 생 마르탱 운하를 즐길 수도 있다.

생 마르탱 운하를 지나 소피를 쫓아가다 보니 어느새 마레 지구가 나왔다. 일요일이라 근처에 장이 섰는지 장사하는 사람들 트럭이 이중 삼중으로 세워져 있다. 자전거를 세울 정류장을 찾는데 이번에는 세울 자리가 없어 한참을 돌아다녀야 했다.

일요일에는 정말 모두 벨리브를 타고 외곽에서 시내로 들어오는구나. 자전거를 세우고 마레 지구 골목탐방에 나섰다. 스타일이 독특한 가게 몇 곳에 들어가 옷 구경도 하고, 소피는 자기가 좋아하는 가게를 소개해 주기도 했다.

한 시간쯤 돌아다니자 소피가 배가 고프지 않느냐며 마레 지구의 명물, 펠라페를 먹으러 가자고 한다. 사람들이 길게 줄을 서 있고 가게 점원은 길가로 나와 주문을 받고 있었다.

우리나라 가이드북에도 소개된 곳이다. 펠라페는 약간 쫄깃한 빵 가운데를 파고 그 안을 야채와 고기 등으로 채워 소스를 뿌린 샌드위치로 맛이 좋다. 이 근처에 밥을 먹을 만한 작은 공원이 있다며 안내하는데 벌써 많은 사람들이 앉아 있다.

돗자리를 깔고 도시락을 먹는 가족들도 있고, 잔디밭에 누워 낮잠을 자는 연인도 있다. 건물 사이에 자리한 손바닥만 한 공원에서 시간을 보내는 모습이 재미있다. 우리나라 사람들이라면 어린이대공원 정도는 돼야 김밥도 싸고 돗자리도 챙기는데 말이다.

100년이 넘는 일요일 영업금지 전통을 깨는 법안이 통과되자, 샹젤리제에 있는 루이비통 매장이 일요일 영업을 시작했다. 과연 법안 통과가 프랑스 사람들의 '일요일은 가족과 친구들과 함께'라는 오랜 전통을 얼마나 흔들어 놓게 될지는 모를 일이다. 하지만 작은 잔디밭에서 소박한 가족 나들이를 즐기는 모습을 보니 가족의 행복은 돈보다는 함께하는 시간이라는 말이 맞는 것 같다.

펠라페 가게에 길게 늘어선 줄

이 작은 공원이 천국과 같은 휴식을 가져다준다.

미스틱과 파리의
그라피티 문화

파리 시내를 돌아다니다 보면 종종 신기한 그림을 발견하게 된다. 건물 벽에, 전화 부스에, 때론 바닥에 새겨진 알 듯 모를 듯 신기한 그림들.

내가 맨 처음 발견한 것은 건물 귀퉁이에 새겨져 있는 타일이었는데 갤러그 오락에 나오는 비행체같이 생겼었다. 궁금해서 여러 사람들에게 물어보았지만 그 뜻을 알고 있는 사람이 없었다.

몇 년째 고민만 하다 혼자서 결론을 내렸다. 이것은 외계인의 암호며, 지구인으로 변장해 살고 있는 외계인들의 집 주소를 나타내는 것이라고 말이다. 혹시나 책을 읽는 사람들 중이 의미를 아는 사람이 있으면 알려 주길 바랐는데 함께 작업했던 디자이너가 그 답을 알고 있었다. 유명한 스트리트 아트 그룹 '스페이스 인베이더'의 작품이라고(www.space-invaders.com).

'스페이스 인베이더' 그라피티 아티스트

7. 일요일엔 마레로 가야 해

소피가 골목을 돌다가 한 여자가 그려진 그라피티를 보고 손가락으로 가리킨다.

"저것 좀 봐, 혹시 미스틱을 알아?"

"응, 이름을 들어 봤어. 그라피티 아티스트지? 몽마르트르에 갔을 때도 이 사람 작품을 발견했어. 마레에도 있었네? 아 참, 그런데 이 사람 남자인지 여자인지 모른다며?"

"여자라고 하던데? 그리고 남자들에게 하고 싶은 이야기를 써서 여자들이 많이 좋아하지."

"얼마 전에 백화점에 갔었는데 가방 파는 곳에 미스틱의 그림이 있어서 놀랐어. 가방 가격도 상당히 비싸더라고. 가방에 그림이 들어갈 정도면 꽤 유명한 아티스트인가 봐?"

"정말? 한정 판매품으로 나왔나 보다. 미스틱은 파리에서 그라피티 아티스트로 유명해. 자기 색깔이 분명하니까."

미스틱 Miss.Tic 홈페이지에 가면 미스틱의 그라피티 작품들을 볼 수 있다.
홈페이지 missticinparis.com

정말 다른 그라피티 아티스트들과 다르게 강렬하게 기억에 남는 작가이긴 하다. 검은 옷에 섹시하면서 인상이 강한 여자를 그리니 말이다.

기차선로나 사람들의 발길이 닿지 않는 우범지대마다 글자 형태의 그라피티가 그려져 있으면 항상 눈살이 찌푸려지곤 했다. 하지만 이런 그라피티 작품들은 골목을 걸으며 재미난 보물찾기를 하는 즐거움을 준다.

미스틱처럼 하고 싶은 말을 담는 경우도 있지만, 알쏭달쏭하게 똑같은 그림을 파리 시내 전체에 붙여 놓은 경우도 있다. 도대체 왜 작가는 똑같은 형태의 그림을 이곳저곳에 남기는 걸까. 궁금증이 생기게 말이다.

그라피티 아티스트들은 기존의 네모난 화폭을 벗어나 살아 있는 세상을 화폭으로 삼았다. 물론 그라피티 포화로 지저분하게 보이는 곳이 없는 것은 아니다. 하지만 건물들 그리고 주변 환경과 어울리는 그라피티를 고민하며 예술의 생활화를 거리에서 실천하고 있다는 점이 특징이다. 그리고 점점 발전해 가고 있다. 나는 이들의 발상의 전환이 마음에 든다.

7. 일요일엔 마레로 가야 해   241

십년감수한
생 드니 성당 사건

소피와 함께한 짧은 데이트가 끝나고, 나는 생 드니로 향했다. 책에서 본 바로는 마리 앙투아네트와 루이 16세 그리고 프랑스 왕가의 무덤이 있는 곳이라고 나와 있다. 곰곰이 생각해 보니 마리 앙투아네트와 루이 16세가 콩코르드 광장에서 단두대의 이슬로 사라진 것은 모두 알지만 이들이 어디에 묻혔는지에 대해서 말하는 것은 듣지 못했다. 어떤 곳일까 궁금해 메트로를 타고 갔다.

1존을 막 벗어난 생 드니역은 사람들로 붐볐다. 생 드니 성당은 근처에 있어 지도 없이도 찾기 쉬웠고, 성당은 흥미로웠다. 오랜 프랑스 왕가의 묘가 이곳에 다 모여 있었기 때문이다.

의외로 여행자들이 별로 없다는 것이 신기했다. 충분한 시간을 할애해 둘러보고 다시 파리 시내로 돌아가기 위해 메트로역을 향해 걷고 있었다. 가방을 대각선으로 메고, 카메라도 어깨에 걸쳐 손목에 한 번 감은 후 가방 위에 올려놓고 걸었다.

앞쪽에서 흑인 다섯 명이 걸어오더니 나를 향해 히죽 웃는다. 무시한 채 걷는데 갑자기 누군가 내 손에서 카메라를 휙 낚아챈다. '뭐지?' 하고 몸을 돌려 바라봤다. 여전히 웃고 있는 흑인들. 한 남자의 손에 내 카메라가 들려 있고, 그 친구만이 진지한 표정으로 나를 뚫어져라 쳐다본다.

생 드니 성당이 있는 메트로 13호선, Basilique de Saint-Denis역

나는 장난인 줄 알고 카메라를 돌려 달라고 말했다. 그런데 이런, 장난이 아니다. 카메라를 잡으려고 몸을 움직이는데 쏜살같이 저쪽 골목으로 달려간다. 나도 뛰었다. 골목을 통과해 그가 코너를 돌아간 왼쪽을 살펴보았지만 흔적도 없이 사라졌다. 주변 사람들에게 방금 내 카메라를 들고 달려간 흑인이 어디로 갔는지 물어보았지만, 난감한 표정으로 쳐다본다.

다시 자리로 돌아오니 아까 그 흑인들이 여전히 키득대며 서 있다. 너희들 친구는 어디로 갔냐고 물었다. 자기네들은 모르겠단다. 가방 안에서 디지털 카메라를 꺼낸 후 말했다.

"난 너희 사진을 찍을 거야. 그리고 경찰서에 가서 너희들 친구가 내 카메라를 훔쳐 갔다고 말하겠어."

말이 끝나고 사진을 찍자마자 흑인들이 얼굴을 가리며 흩어진다.

그중에 키가 190cm는 돼 보이는 남자가 소리를 지르며 카메라를 내놓으란다. 안 된다고 가슴 쪽으로 끌어안았더니 갑자기 내 머리채를 잡아챘다. 바닥으로 나를 내동댕이친다. 나도 모르게 몸을 웅크리고 소리를 질렀다.

"도와 주세요! 경찰을 불러 주세요!"

그동안 우두커니 바라보고만 있던 주변 사람들이 그제야 달려오기 시작했다. 아주머니와 아저씨들이 뛰어왔고 누군가 대신 경찰서로 전화를 걸었다. 달려온 사람들 중에 남자가 한 명 있었는데 자기가 경찰이란다. 사복경찰로 이곳 주변에서 아까부터 상황을 지켜보고 있었단다.

아까부터 보고 있었으면 진작 나타날 것이지 왜 이제야 왔는지 모르겠다. 흑인 남자들은 사람들과 실랑이를 하더니 어디론가 사라져 버렸다. 도대체 왜 잡지 않고 그냥 보내는 걸까.

아줌마가 괜찮으냐고, 여행자인데 파리에서 이런 사건을 겪게 되어 미안하다고 내게 사과한다. 아줌마 잘못이 아니다. 곧바로 사이렌 소리가 울리며 경찰차가 도착했다. 사복경찰이 상황을 설명했고, 사건과 관련한 조서를 써야 하니 경찰서에 함께 가야 한단다.

내가 알려 준 인상착의로 경찰들이 주변을 수색하고 있다는데 아무래도 카메라는 완전히 잃어버린 것 같다. 나도 보험 서류 때문에 경찰서로 가야 했다. 그렇게 경찰차를 타고 경찰서로 갔다. 가만히 앉아 있으니 조금 전에 벌어진 일들이 주마등처럼 스쳐 지나간다. 소매치기를 만난 적은 있지만, 이렇게 머리채를 잡히고 바닥에 내동댕이쳐진 적은 태어나서 처음이다. 심장이 두근댄다. '아까 흑인들이 나를 둘러싸고 때렸거나 칼을 가지고 다니는 사람들이었다면…' 하고 생각하니 아찔하다.

서류 작성이 모두 끝났다. 그 와중에 틈틈이 생 드니에 대해 물었는데 이곳은 우범 지역이란다. 파리에서도 가장 위험한 지역 중 하나라고. 무서워서 메트로역까지 어떻게 가냐고 했더니 경찰차로 데려다 준단다.

그 호의가 고마웠다. 경찰차는 겉으로 보기에는 멋있어 보였는데 타고 나서 보니 내부는 정말 낡았다. 몇십 년이 되었는지 모를 낡은 차를 겉모습만 멀쩡하게 해서 타고 다니고 있구나 싶다. 가는 길에 글을 쓰려면 생 드니 성당 사진을 다시 찍어야 하니 잠깐만 차를 세워 달라고 했다. 경찰이 그런 일을 당하고도 사진 찍을 마음이 생기냐며 웃는다. 나도 우습지만 직업병이라 어쩔 수 없었다. 생 드니 성당 사진을 몇 장 찍고 메트로역 앞에 내렸다. 경찰들에게 고맙다는 인사를 했다. 그리고 경찰차가 떠났다. 메트로 쪽으로 걸어가는데 카페 주인이 말을 건다.

"괜찮아요?"

"네, 괜찮아요."

"카메라는 찾았어요?"

"아뇨, 찾지 못할 것 같아요."

"그래도 몸은 괜찮은 거죠?"

"네."

"너무 상심 말아요. 우리 동네에서 이런 일을 겪게 되다니 미안해요. 하지만 이런 게 인생이지요(C'est la vie)."

카페 아저씨의 말이 맞다. 이런 게 인생이다. 세 라 비(C'est la vie)!

루이 16세와 마리 앙투아네트

Epilogue

Good bye Paris

카메라 도난 사건을 겪은 후, 메트로를 타고 시내로 돌아왔지만 심장이 떨려 더 이상 돌아다닐 수가 없었다. 해가 지기 전 소피의 집으로 돌아와 한국으로 돌아갈 짐을 정리했다. 이날은 한국으로 돌아가기 하루 전이었다. 언제나 사건은 충분히 익숙해지고 마음을 놓을 때쯤 생기곤 했다. 이번에도 마찬가지다. 한국으로 돌아가기 겨우 하루 전이었는데….

자정이 넘어 소피가 돌아왔다. 오늘 생 드니 성당에서 일어난 일에 대해 이야기를 해 줬더니 소피의 첫마디는 이랬다. "넌 행운아야." 어안이 벙벙하다. 행운아라니.

"넌 정말 행운이야. 내 친구 중 한 명은 10대 아이를 도와주려고 했다가 여러 명한테 두들겨 맞았어. 온몸에 뼈가 부러져서 6개월 동안 의식 불명에 빠졌었지. 사람들이 처음에 널 도와주지 않았던 것은 당연해.

그래도 나중에는 도와주려고 몰려들었다면서. 그 사람들은 널 위해 위험을 무릅쓴 용기 있는 사람들이야. 또 다른 내 친구는 휴대폰 때문에 누군가 목에 칼을 들이댔었는걸 뭐. 어떤 때는 주삿바늘을 들이대기도 해. 나는 생 마르탱 운하를 따라 집으로 걸어오다가 휴대폰을 강탈당했는데 주먹으로 얼굴을 맞았어. 주먹으로 말이야! 한동안 멍 자국이 사라지지 않았지.

내 이야기를 들어 봐. 나도 전에 생 드니역에 친구를 만나러 간 적이 있었어. 친구는 꼼짝 말고 메트로역에서 기다리라고 했지. 날 마중 나오더니 내 손에 든 휴대폰을 가리키며 당장 집어넣으라고 했어. 아직까지 안 뺏긴 게 다행이라고 말이야. 그 지역은 정말 위험한 곳이야. 넌 네 카메라를 훔친 애를 쫓아갔고 심지어 그 일당들의 사진까지 찍었는데, 머리채만 잡히고 맞을 '뻔'만 했다면서. 그리고 강간을 당한 것도 아니고 두들겨 맞지도 않았어. 그리고 네 온몸이(팔, 다리, 머리 말이야) 모두 제자리에 잘 붙어 있으니 넌 정말 행운아야. 심지어 여권이랑 돈도 그대로 있잖아."

소피는 다음에 강도를 만나면 순순히 원하는 것을 주고, 그들을 쫓아가지 말고 얼른 뒤돌아서 도망치라고 친절히 덧붙였다.

소피의 말을 듣고 나니 나는 정말 대단한 행운아였다. 카메라는 그냥 넘기더라도 메모리만은 돈을 주고 살 걸 그랬나? 조금 후회되기도 했다. 며칠 동안 찍은 사진이 고스란히 메모리 안에 있었는데 말이다. 아~ 이놈의 직업병.

정말 신기한 것은 유럽에서 손꼽을 만한 사건은 항상 프랑스에서 있었다는 것이다. 한 번은 니스, 이번에는 파리. 아, 기차 안에서 내 가방을 몰래 뒤졌다가 허탕을 친 프랑스 남자애도 있었군. 정작 소매치기로 이름을 날리는 이탈리아에서는 딱 한 번 5유로와 신용카드가 든 지갑을 도난당한 적이 있다. 반면에 프랑스에만 오면 사고가 끊이질 않는다. 그럼에도 내가 프랑스를, 또 파리를 좋아하는 이유는 무엇일까.

수직적이지 않고 수평적인 토론 문화, 메트로 안의 예술가, 길거리까지 예술로 승화하는 그네들의 창조적인 생각 그리고 맛있는 음식도 손꼽을 수 있지만….

아무래도 가장 큰 이유는 사람들이다. 23년 전, 잃어버린 여권 때문에 대사관 오픈 시간을 기다리다가 만나게 된 흑인 파리지앵이 있었다. 그 친구는 자신의 나라에서 일어난 사고에 대해 미안하다면서 하루 종일 나를 데리고 다니며 이곳저곳을 안내해 줬다. 돈을 잃어버렸으니 무임승차는 기본이라며 나름 독창적인 논리를 펼치기도 했다. 가방을 잃어버려 비닐봉지를 들고 다니던 때에 만난, 양손 가득 짐을 들고 가던 파리지앵 여성도 그랬다. 이 여인은 내게 종달새처럼 말했는데 그 귀엽고 생동적인 이미지는 '파리'가 되어 고스란히 내 머릿속에 박혔다. 이번 여행에서 벨리브에 문제가 생겼을 때 나타난 아주머니는 또 어떻고. 모두 내가 느끼고 있는 파리에 대한 '이미지'다. 이런 이미지들 때문에 앞으로 또 어떤 사건이 생긴다 해도 나는 여전히 파리를 좋아할 수 있는 것이다(그렇다고 사고가 생기기를 바라는 것은 아니다. 아유, 무서워).

아무리 아름답고 멋진 도시라 하더라도 좋은 사람에 대한 기억이 없다면, 여행이 끝난 몇 년 뒤에는 잊히고 만다. 오랜 세월이 지나도 계속 마음에 남는 도시가 있다면 바로 사람에 대한 기억 때문이리라.

파리는 그렇게 내 가슴속에 살아 숨 쉰다.

파리에서 보낸 꿈 같은 일주일

나는 파리가 정말 좋다

초판 1쇄 | 2017년 6월 26일

지은이 | 박정은

발행인 겸 편집인 | 유철상
책임편집 | 홍은선
디자인 | 전혜진, 배보배
교정·교열 | 홍은선, 김혜진
마케팅 | 조종삼, 조윤선, 안남영

펴낸 곳 | 상상출판
주소 | 서울시 동대문구 정릉천동로 58, 103동 206호(용두동, 롯데캐슬피렌체)
구입·내용 문의 | **전화** 02-963-9891, 070-8886-9892 **팩스** 02-963-9892
이메일 | cs@esangsang.co.kr
등록 | 2009년 9월 22일(제305-2010-02호)
찍은 곳 | 다라니

※ 가격은 뒤표지에 있습니다.

ISBN 979-11-87795-18-6(13980)

© 2017 박정은

※ 이 책은 상상출판이 저작권자와의 계약에 따라 발행한 것이므로
   본사의 서면 허락 없이는 어떠한 형태나 수단으로도 이용하지 못합니다.
※ 잘못된 책은 구입하신 곳에서 바꿔 드립니다.
※ 이 도서의 국립중앙도서관 출판예정도서목록(CIP)은 서지정보유통지원시스템 홈페이지(http://seoji.nl.go.kr)와
   국가자료공동목록시스템(http://www.nl.go.kr/kolisnet)에서 이용하실 수 있습니다. (CIP제어번호 : CIP2017013479)

www.esangsang.co.kr